図解

フロー・カンパニー

辻 秀一

Shuichi Tsuji

Flow Company

結果がほしければ、心をマネジメント！

ビジネス社

はじめに

フローという概念に私が出会ったのは、〝揺らぎ〟という心の状態だけでなく、多くの人が〝とらわれ〟の心の状態の中で、苦しみ、パフォーマンスを発揮できていないのではないか、と気づいたのが発端でした。15年くらい前になるでしょうか、当時シカゴ大学の行動科学の教授だったミハイ・チクセントミハイ博士がフロー理論を提唱され、どんな職業でも、どんなことをしていても、無我夢中の状態こそが、自分らしく自分の力を思う存分に発揮できるのだということを知り、その考えが私の胸に突き刺さったのです。

しかし、チクセントミハイ博士のフロー状態は、ゾーンといわれる究極の心の状態に近く、少し腑に落ちないところもありました。私は応用スポーツ心理学を基本に、メンタルトレーニングをしているので、よりわかりやすく、実践しやすいメソッドが大事だと模索していました。そこで、チクセントミハイ博士のこのフロー状態を〝機嫌のよい状態〟と理解し、みなさんにお伝えすることにしたのです。イメージは簡単です。

『今、機嫌が悪いから機嫌よく働こう！』
『試合になると機嫌がよくなっていくから、機嫌よくプレイしよう！』
『機嫌の悪さを引きづっているから、自分の機嫌は自分でとろう！』
『どうみても人間関係で機嫌の悪い状態だから、機嫌よくチームワークを高めよう！』
『朝から何を機嫌悪くしているんだい、今日も機嫌よくやろう！』などです。

この発想が現場で受け入れられ始めたころ、アイボを開発された元ソニーの天外伺朗さんが、まさにフローの働き方について『非常識経営の夜明け～燃える「フロー」型組織が奇跡を生む』という書籍を出されていて、それを目にしたのです。私も選考委員をしているホワイト企業大賞の選考委員長でもある天外さんのその本を読んだことで、フローや機嫌のよさは、間違いなく会社経営に重要なことだと確信したのです。

スポーツの世界では心技体といって、心の重要性は比較的伝えやすいですが、ビジネスの世界では心の状態がなぜか後回しにされているように感じていたので、ビジネスでも私のフロー理論を展開することにしたのです。フロー状態の価値とは間違いなく人間の機能が上がること、パフォーマンスの質がアップすること、この2つです。どんな理由であれ、人は機嫌の悪いノンフローな状態だと、自身の機能は下がり、パフォーマンスの質は落ちているのです。そこに例外などありません。スポーツでは負けます。したがって、スポーツ界では自分の機能やパフォーマンスの質に関心のある人たちが少なくありません。イチロー選手はその代表格でしょう。スポーツはその心の状態が結果として出やすいからです。

しかし、わかりにくいだけで仕事も同じではないか。それに気づいている企業やビジネスマンが、私のクライアントになっています。近年ようやく、そのような方々が増えてきたように感じるのです。ただ、仕事という場はノンフロー、すなわち機嫌が悪くなりやすく、みながそれに慣れ過ぎていて、それが当たり前だと勘違いしているのです。そこで、フローな心の状態を自らマネジメントし、周りや場をフロー状態に導ける人財を企業内に増やすことができれば、生産性の高い強い企業づくりにお役に立てると思い、そのためのメンタルトレーニングを始めたのです。正確には、フローな状態に心を整え、マネジメントするための脳の力、思考の習慣であるライフスキルのトレーニングです。本書は、こうした私のメンタルトレーニングの基本を図解も入れてわかりやすくまとめたものです。

すべては思考の習慣なので、繰り返し意識していくことでスキル化し、再現性が高まり、自動化できる脳が育まれていくのです。ぜひ繰り返しトレーニングしてほしいと願います。

企業におけるフローの価値は、

1 パフォーマンスの質がよくなるので、生産性が高まり結果や成果につながる

2 人間関係の質がよくなるので、良質なコミュニケーションが生じる

3 人間の機能そのものがアップすることで、健康で元気な人が増える

4 脳の機能もよくなるので、アイデアが生まれ創造性につながる

5 学習効率がよくなり、成長・変化しやすく変革に強い組織になる

などと確信しています。

人のマネジメントから、すべての組織マネジメントは始まります。強くしなやかなフローカンパニーは、心のマネジメントから始まるのです。本書が多くのビジネスマンや経営者のセルフマネジメント、あるいは組織マネジメントの一助となることを願ってやみません。

平成29年秋　スポーツドクター　辻 秀一

contents

はじめに …… 2
プロローグ …… 8

第1章 フローとはどういう状態か

プレッシャーが人を動かす時代の終焉 …… 14
「結果エントリー」思考の弊害 …… 16
フローは「心エントリー」思考から生まれる …… 18
フローとは、状況に即して、最適・最大・最良・最高にパフォーマンスを発揮できる心の状態 …… 20
フローは自分でつくれる …… 22
心の状態 セルフイメージとセルフコンセプト① パフォーマンスを左右するセルフイメージ …… 24
心の状態 セルフイメージとセルフコンセプト② 行動の方向を決めるセルフコンセプト …… 26
心の状態 セルフイメージとセルフコンセプト③ 心の「よい状態」がフローを生む …… 28
セルフイメージとセルフコンセプトの相互関係 …… 30
フローの価値① フロー次第で行き先が変わる …… 32
フローの価値② フローはアウトプットの質を向上させる …… 34
フローこそが、これからの企業価値 …… 36

第2章 フローを知識・意識により・下意識化する

フロー度をタイプ別に見る ストレス状態・偽フロー状態・真フロー状態態 …… 38
新しい脳の使い方① 認知脳が持つ3つの役割 …… 40
新しい脳の使い方② 認知脳が心に与える影響 …… 42
新しい脳の使い方③ ライフスキルは自身の内側に向く脳 …… 44
新しい脳の使い方④ 二つの脳をよりよく働かせるバイブレイナー …… 46
ライフスタイルの役割 「気づきの思考」と「考える思考」 …… 48
脳力＝ライフスキルは鍛えられる …… 50
脳のスキル化① フローの知識化から意識化 …… 52
脳のスキル化② 意識から下意識へ …… 54
「体験」はスキル習得の強い味方 …… 56
フローとEQ …… 58
コラム 株式会社ジャパネットホールディングスでの取り組み …… 60

第3章 フローに生きるための思考法

トレーニングの前に① 自分の感情を把握する …… 62
トレーニングの前に② 「フロー・ステイタスシート」の活用① …… 64
トレーニングの前に③ 「フロー・ステイタスシート」の活用② …… 66

社会力を獲得する7つのポイント …… 68
「社会力」① 「自分で決めると決める」 …… 70
「社会力」② 自分ツールを最大限利用する１ 「自分ツール」が心をつくる …… 72
「社会力」② 自分ツールを最大限利用する２ 「自分ツール」を選んで使いこなす …… 74
「社会力」③ 「心のための思考習慣を持つ」 …… 76
「社会力」③ 思考を選択する１ 今に生きる思考 …… 78
「社会力」③ 思考を選択する２ 好きを大事にする思考 …… 80
「社会力」③ 思考を選択する３ 一生懸命を楽しむ思考 …… 82
「社会力」③ 思考を選択する４ 変化を重んじる思考 …… 84
「社会力」③ 思考を選択する５ 自分に素直な思考 …… 86
「社会力」④ 「フォワードの法則にしたがう」 …… 88
「社会力」④ フォワードの法則１ リスペクト・マインド …… 90
「社会力」④ フォワードの法則２ チア・マインド …… 92
「社会力」④ フォワードの法則３ アプリシエイト・マインド …… 94
「社会力」⑤ イメージを大切にする１ 認知的イメージとの違い …… 96
「社会力」⑤ イメージを大切にする２ 想像からイメージをふくらませる …… 98
「社会力」⑥ 「チャレンジの習慣を持つ」 …… 100
「社会力」⑦ 「目標よりも、目的を大事にし、夢を描く」 …… 102
コラム プロスポーツアスリートへのトレーニング事例 …… 104

第4章 フロー・カンパニーへの道

周りをフロー化する「コーチ力」 106
「コーチ力」① 理解する生き方 「わかってほしい」という気持ちをわかる 108
「コーチ力」② 時間軸のある生き方1 その瞬間だけより時間の幅を持つ 110
「コーチ力」② 時間軸のある生き方2 結果より変化を見る 112
「コーチ力」③ 愛する生き方1 相手の成功を自分の喜びとする 114
「コーチ力」③ 愛する生き方2 応援という生き抜く力 116
「コーチ力」④ 見せる生き方 人は目で見えることにもっとも影響を受ける 118
「コーチ力」⑤ 楽しませる生き方1 いろいろな「楽しい」があることを知る 120
「コーチ力」⑤ 楽しませる生き方2 一生懸命の楽しさを伝える 122
「コーチ力」⑥ アクノレッジする生き方1 アクノレッジされにくい社会構造 124
「コーチ力」⑥ アクノレッジする生き方2 アクノレッジを伝え合う 126
フローな組織の在り方① ミッションを基盤にした組織 128
フローな組織の在り方② リーダーシップに基づく組織1 人ではなくタスク（パフォーマンス）で見る 130
フローな組織の在り方② リーダーシップに基づく組織2 行動への指示とマインドへの支援 132
フローな組織の在り方③ 箱から出たコミュニケーションのある組織 134

プロローグ

「フローカンパニー」は「ご機嫌カンパニー」

本書で紹介するメソッドは、応用スポーツ心理学を土台に、人の心と脳の仕組みに基づいた「フロー理論」を加え、私がこれまでビジネスやスポーツの現場で培い実践してきたノウハウをまとめたものだ。これらは、個人はもちろん組織や企業全体のパフォーマンスを向上させる、すべての人に役立つ実学といえる。

メソッドの柱となる考え方は次の「心の法則」だ。

法則1 心には状態がある

法則2 心の状態にはフローかノンフローしかない

法則3 心がフローに傾けばパフォーマンスはよくなり、心がノンフローに傾けばパフォーマンスは悪くなる

これは、時や人、場所に関係なく、人間が普遍的に持っているものだ。ただ、本書のタイトルにもある「フロー」という言葉には、馴染みがないという人もいるだろう。「ゾーン」と呼ばれる超一流のアスリートが究極に集中する状態と比べられることも多いが、フローとはゾーンの前のもう少しライトな状態ととらえてほしい。GoogleやMicrosoftをはじめ、世界中のハイパフォーマンスな企業が注目している「マインドフルネス」といってもよいかもしれない。

しかし、それでも日本人にとっては「フロー」「マインドフルネス」では、やはり何だかつかみにくい、しっくりこない……といった声も聞かれるのが実際のところだろう。

そこで私は数年前から、フローという言葉を「ご機嫌」に言い換えて使っている。「心がご機嫌な状態」は「心がフローな状態」ということだ。フローで大切

な「揺らがず、とらわれず」も、難しく考えずに「機嫌よくやろう！」と置き換えてみてほしい。

つまり「フローカンパニー」は「ご機嫌カンパニー」なのだ。役割、肩書に関係なく、皆が常にご機嫌な状態で働いていているという組織、企業こそが「フローカンパニー」なのである。

ストレスの海からフローな陸地へ

現代において、ストレス対策は個人にとっても、組織や企業にとっても不可欠なものとなっている。ところが、これまでのストレスマネジメントは「ストレスの海」での泳ぎ方を教えるものだった。だが、いくら上手に泳げるようになり、その場はしのげたとしても、泳ぎ続ける限り、いつかは疲れ果てて溺れてしまうだろう。本書で紹介するメソッドは、「ストレスの海」から「フローな陸地」「ご機嫌な陸地」へ上がる方法でもある。つまり、このメソッドを身につければ、もうストレスの海を泳ぎ続ける必要はないということだ。

また、ビジネス社会で評価されがちな「ポジティブ思考」も、私からするとストレスの原因だ。なぜなら、ポジティブ思考は、本来の自分の意味づけにウソをついていることになるからだ。このためパフォーマンスが最終的に下がるのだ。多くの人が、ポジティブ思考にはどこか限界と無理があることを経験的に知っているはずだ。本書で目指すところのフローな状態はポジティブ思考ではなく、当然ポジティブ思考では決してたどり着けないことも忘れないでほしい。

フローな人材を育てる企業との取り組み

これまで多くの個人、チーム、企業に対して、フローに導くトレーニングを行ってきた。ここで、ほんの一部だが、最近の例をいくつか紹介してみたい。

株式会社イーオン

全国に英会話教室を展開する同社でのメンタルトレーニングは、東日本エリアの各スクールのマネージャーのリーダーに向けて月に3時間を半年に渡り行った。3期まで終了したところで、実際に生徒にレッスンをする英会話の先生に向けてのトレーニングも開始した。先生方のフローに対する理解が深まれば、生徒にフローな状態を作れるうえ、スクールの質も上がる。先生がフローでいることで生徒の学習効率が上がり、また生徒をフローにすることで、さらに学習効率が上がるという好循環を生むことを目指している。

そもそも同社とのお付き合いは、社長の三宅義和氏が私の著書を気に入ってくださり「ご機嫌でフローな会社」であることの大切さを理解されていたことが大きかった。数年前、年に一度開かれる6〜700人規模の社員の集会に参加させていただき、「フローの4大価値」について講演する機会に恵まれた。ちなみに「フローの4大価値」は次の4つが挙げられる。

1. フローだとパフォーマンスが上がり結果も出やすい
2. フローのほうが、人の話に耳を傾け、人に話をしやすくなるため、人間関係性がよくなりコミュニケーションが向上する
3. 「病は気から」というように、フローのほうが、健康、元気になり、病気の発生率は確実に下がる
4. フローのほうが揺らがず・とらわれずの状態になりやすいため学習効率が向上し成長感が高まり、結果的に変革に強くなる

この4大価値は、トレーニングで常に大切にしている点であり、企業の講演会などでもお話させていただいている。また、これらは見方を変えれば「企業が望む成果や実績、社内のコミュニケーション力、社員の健康、変革への耐久力は経営陣を含めた社員皆がフロー化すれば着実に進んでいく」ということでもある。同社の経営者のように、ここに理解を示す上層部や人事部長、経営企画部長などがいる企業とは次のステップへスムーズに話が進むケースが多いと感じている。

KDDI株式会社

KDDI株式会社では、携帯電話業界の激しい競争環境の中で、新たな価値を生み出す事業の創出が求められる事業本部から、2015年よりフローカンパニーを目指す取り組みを開始した。

導入動機は、働く1人ひとりが、自分自身の心の状態を上手く切り替えられるようにするためだ。開始当初は、「手上げ制」とし希望者にトレーニングを実施した。その後、フローの「考え方」を共有し、組織のマインドとして浸透させていくためには、普段一緒に仕事をしているチーム内で、「フロー」に対しての「共通認識」

を持ち、それを日常で意識することが重要であることに気づいたため、２０１６年からは部門で導入している。トレーニング導入後は共通認識を持つことで、フローなときやノンフローになっているときに、お互い指摘し合えるような関係性が生まれてきたと参加者だけでなく、責任者も現場で感じられるようになり、現在では合計24時間を基本にした数カ月にわたるトレーニングを継続し、２０１７年現在、７期にまで及んでいる。

部門導入し、トレーニング受講者が社内で増えてきた結果、個々のパフォーマンスだけでなく、チームワークの向上にも寄与し始めている。働き方改革が叫ばれるなか、短時間で業務を効率的に進めるために、フローの概念を組織全体に浸透させ、パフォーマンスの最大化の重要性はますます高まっていると、企業としても確信しているというコメントをいただいている。

メディカルクリニックでの取り組み

医師の依頼でメディカルクリニックのフローカンパニー作りもお手伝いしている。看護師や事務方との一体感を高め、患者さんのために皆が機嫌よく働けるクリニック作りへの取り組みである。まず、トップの院長にフローの価値を個人的にもクリニックとしても理解していただき、クリニック内に浸透していく。２カ月に１回、クリニックをわざわざ休診して、全員で取り組んでいく。どのようなクリニックにしていきたいのか、クリニックの働き手としてどのようなことを大事にしていくべきなのかを全員で考え、話し合っていく。多数決ではなく、納得するまで話し合って自分事にしていくのだ。その結果、求める働き方には、必ずフローな状態が見えてくる。１人ひとりが機嫌よくフローでなければ、全員が目指す働き方は実現できないと改めて認識している。それを実現するために、ライフスキルの必要性を自覚しトレーニングに取り組んでいる。

株式会社デイトナ・インターナショナル（FREAK'S STORE）

産業医という形で、フローカンパニー作りを支援している企業もある。その１つがデイトナ・インターナショナルだ。アパレル事業を中心に飲食事業とホールセール事業を行っている。社長との出会い、その思いの共有を契機に、働き方改革の一助になると産業医を引き受け、人事と協力の上にフローカンパニーを目指している。社会における存在意義、そして、社員１人ひとりが果たすべき企業理念を、「ビジョン」と「ミッション」で表現している。

ビジョンは〝熱狂的に生きて、世界を幸せにします〟、ミッションは〝価値ある物語を、熱意をもってともに創り、1人ひとりを最高の笑顔にします〟。そのために、この会社で大切にしているのは「熱意」だ。それぞれが「熱意」を持って、ワクワクしながら熱狂的に生き、その熱やワクワク感を人々に伝え、その結果、世界を幸せにすることを本気で目指している。そんな熱意ある1人ひとりの実現のために、フローの概念は必須だ。

産業医として必要なコンプライアンスの活動をする一方で、社長を始めとするエグゼクティブリーダーのライフスキルトレーニングのほか、社内のフローリーダーとして〝Freakers〟と称するメンバーたちが、忙しい業務の時間を割いて脳や心の仕組みを学んでいる。フローカンパニー作りを目指すその根底には経営者の熱い思いと、働く従業員たちを大事にしようとする人事の熱意がある。

株式会社エードット

産業医として企業のフロー化をお手伝いしている企業がほかにもある。

ミッションは、企業・ブランド・地域・人、それぞれが持つ能力を最大限に引き出し、プロモーション、イベントプロモーション、イベントPR、プロダクトやサービス開発など、広告にとらわれないアイデアを通じて社会へ届けていくこと。その結果、よりよい未来を創造し、社会へと貢献すること。それがプロデュースカンパニーa-dotのミッションだ。

とかく、ブラックとなりがちな広告業界で、揺らがず・とらわれずのご機嫌カンパニーを目指している。

セルフマネジメント力を個人に育むため、産業医としてフローの価値を個別で伝えながら、社員総会などで、フロー理論を知識として共有できる取り組みをしている。産業医として会社訪問すれば、従業員はフローの意識を必ず言葉にでるような環境だ。さらに会社として、以下の環境作りに取り組んでいる。自ら考え行動できる、個人のキャリアを尊重する、フラットでオープン、全員にチャンスがある環境だ。その会社の目指す環境にフローが役立つことは間違いない。するべきことを機嫌よくやる人財の集まる、機嫌のよい会社の環境はそれを可能にする。

第1章

フローとはどういう状態か

プレッシャーが人を動かす時代の終焉

いま企業社会は未曽有のストレスにさらされている。ライバルを打ち負かさなければ自分がやられてしまうという、自由競争という名の情け容赦ない生き残りレースに否応なく巻き込まれているからだ。

「勝ち組に入らなければ生き残れない」という危機感は、人の能力を引き出しそうな気がするが、本当のところは、勝ち組に入れそうな位置にいる上位の人たち以外の大多数は、競争する前に気力が萎えてしまい、社会全体から見ると結果的に生産性を落とすことは、社会学や経営学の視点からも喧伝されている。

危機感で煽ったり、報酬でその気にさせるよりも、安心して働ける環境を用意することこそが人のやる気を引き出すのであり、本書で紹介するフローな心の状態でいることが、結果を生みやすい。

社員にプレッシャーをかけ、その反動でパフォーマンスを上げようとするのは、極めて効率の悪い方法なのである。結果が大事であればこそ、社員に、よい心の状態で働いてもらわなくてはならない。そのためには、後述する結果エントリー方式から脱皮する必要がある。

このシフトチェンジを決断し、パラダイムシフトを起こす勇気が企業になければ、ストレスが膨れ上がって、それに耐えられなくなった社員が辞めてしまうだろう。いや、辞めてしまうならまだいい。うつ病になって長期加療が必要になったり、ストレスを回避するために目標へのコミットメントをなくし、状況と距離をおいてしまうようになってしまうだろう。会社としては戦力を失う上に、休養中の社員にも給料を支払わなければならないから、コスト構造も悪化する。しかも、仕事を楽しめず、組織はバラバラとなり、一体感のない組織となる。パフォーマンスは上がらない。こんな状態の企業はいま少なくないのかもしれない。

企業社会・企業人がさらされるストレス要因がもたらす影響

個人的要因
年齢、性別
結婚生活の状況
雇用保障期間
職種（肩書）
性格（タイプA）
自己評価（自尊心）

職場のストレス要因
職場環境
役割上の葛藤、不明確さ
人間関係、対人責任性
仕事のコントロール
仕事の量的負荷と変動性
仕事の将来性への不安
仕事の要求に対する認識
不充分な技術活用
交代制勤務

仕事以外の要因
家族、家庭からの欲求

緩衝要因
社会的支援
（上司、同僚、家族）

急性ストレスの反応
心理的反応
- 仕事への不満
- 抑うつ

生理的反応
- 身体的訴え

行動化
- 事故
- 薬物使用
- 病気欠勤

疾病
仕事に基づく心身の障害
医師の診断による問題
（障害）

NIOSH（米国立労働安全衛生研究所）の「職業性ストレスモデル」。
厚生労働省は、このモデルを基本としたストレスチェックを義務化。

「結果エントリー」思考の弊害

いま緊急に考えなければならないのは、ストレスをまともに受けてしまっている人たちである。この人たちは、ほうっておけば、精神を病むか、身体を壊すかしてしまう。そうなれば、企業にとっても損失になるからということで、健康診断を強化したり、メンタルヘルスの改善のために精神科医やカウンセラーを社内に常駐させたり、多大なお金を投入してなんとか発症を抑えようと取り組んでいる。

しかし、これは対症療法に過ぎない。原因は、結果や成果を重視し過ぎることによる強烈なプレッシャーであり、起こった結果のうつ病や生活習慣病に対処しようとするのは、もぐらたたきのようなもので、いくらやってもきりがない。つまり、結果から考えて物事に取り組む、「結果エントリー」の考えを見直さない限り、ストレスの地獄から人々は逃れることはできない。それなのに、会社だけではなく、個人においても、結果を唯一無二とする考え方を転換できないでいる。それはなぜか――。人間というのは、見えやすいものが気になるからである。結果というのは、誰から見てもはっきりと判断できる。仕事においては数値化しやすい。つまりわかりやすいのだ。

わかりやすい結果に固執しパフォーマンスをなんとか上げようとするが、ストレスが足を引っ張りパフォーマンスは低下する。当然、結果の達成はどうも怪しくなるので、さらに結果に対するプレッシャーを強化する。これによってストレスはますます増加する。そうして、みんなが元気を犠牲にして、なんとかパフォーマンスを維持し、結果を出そうと苦心を重ね、ひどくなると心を病む人も現れるというネガティブ・スパイラルの渦にはまり込んでしまうのだ。

現状、多くの人、企業が、このような結果エントリー方式で占められていると言ってよいだろう。

職場のストレス対策は対症療法

結果や成果を重視しすぎることによる強烈なプレッシャーが原因。この構造を改善せずに、起こった結果のうつ病や生活習慣病に対処しようとするのは、もぐらたたきのようで、いくらやってもきりがない。

対症療法に過ぎない

いくらやってもきりがない……

「結果エントリー」方式

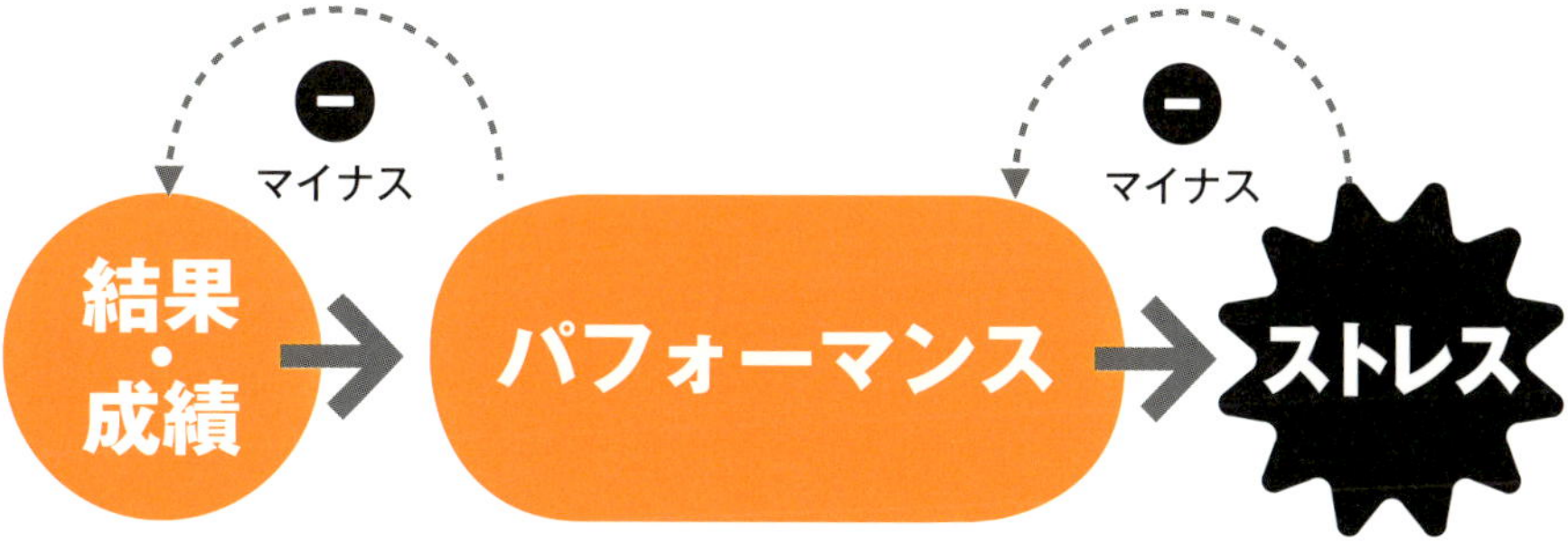

結果エントリーによるパフォーマンスはストレスを生む。ストレスはパフォーマンスを下げ、結果も出しにくくなる。次第にネガティブのスパイラルに陥ってしまう。かえって結果は出ないのだ。

✦ フローは「心エントリー」思考から生まれる

フローは、結果エントリーとはまったく逆に、心から入っていく「心エントリー」の考え方だ。心エントリーの人は、結果エントリーの人とどのような違いがあるのか。

心エントリーの人は、1日の始まりにあたって、「今日も、よい心の状態でいこう」と念じて仕事に入る。心エントリーの人は、常によい心の状態を保つことを心がけている。心の状態を第一に考えている。こういう人は、前日に何があっても、朝出がけに嫌なことがあっても、仕事にとりかかるときには、もうよい心の状態が整っている。極めた人は常にフロー状態だ。

朝起きたら雨が降っていても、前日に嫌なことがあっても、常に心をよい状態にしようとする習慣とそれを実現する心の力を磨くことができれば、外的状況に左右されず、フロー状態を起こしやすくできる。このフローな状態(心エントリー)をひと言で言えば、「揺らがず・とらわれず」ということになる。ストレスな状態(結果エントリー)の人はこの逆で、「揺らいで・とらわれ」ている。こういう心の状態では、必ずパフォーマンスは落ちる。パフォーマンスに負の相関が現れ、「揺らがず・とらわれず」になると、パフォーマンスに正の相関が現れることは、心理学的に実証されている。要するに、結果に心を縛られてはいけないということだ。予知できない結果を約束してしまえば、いらないことに心をとらわれ、外部要因のちょっとした変化で心はすぐに揺らいでしまうだろう。

結果を出すためには、心に着目し、あらゆる変化に対応して、いつでもフローという心の状態をつくれるようにすることである。1日のフローの時間が増えれば増えるほど、パフォーマンスの質が上がる。パフォーマンスが上がれば、当然、それにふさわしい結果がついてくるのだ。

「フローエントリー」方式

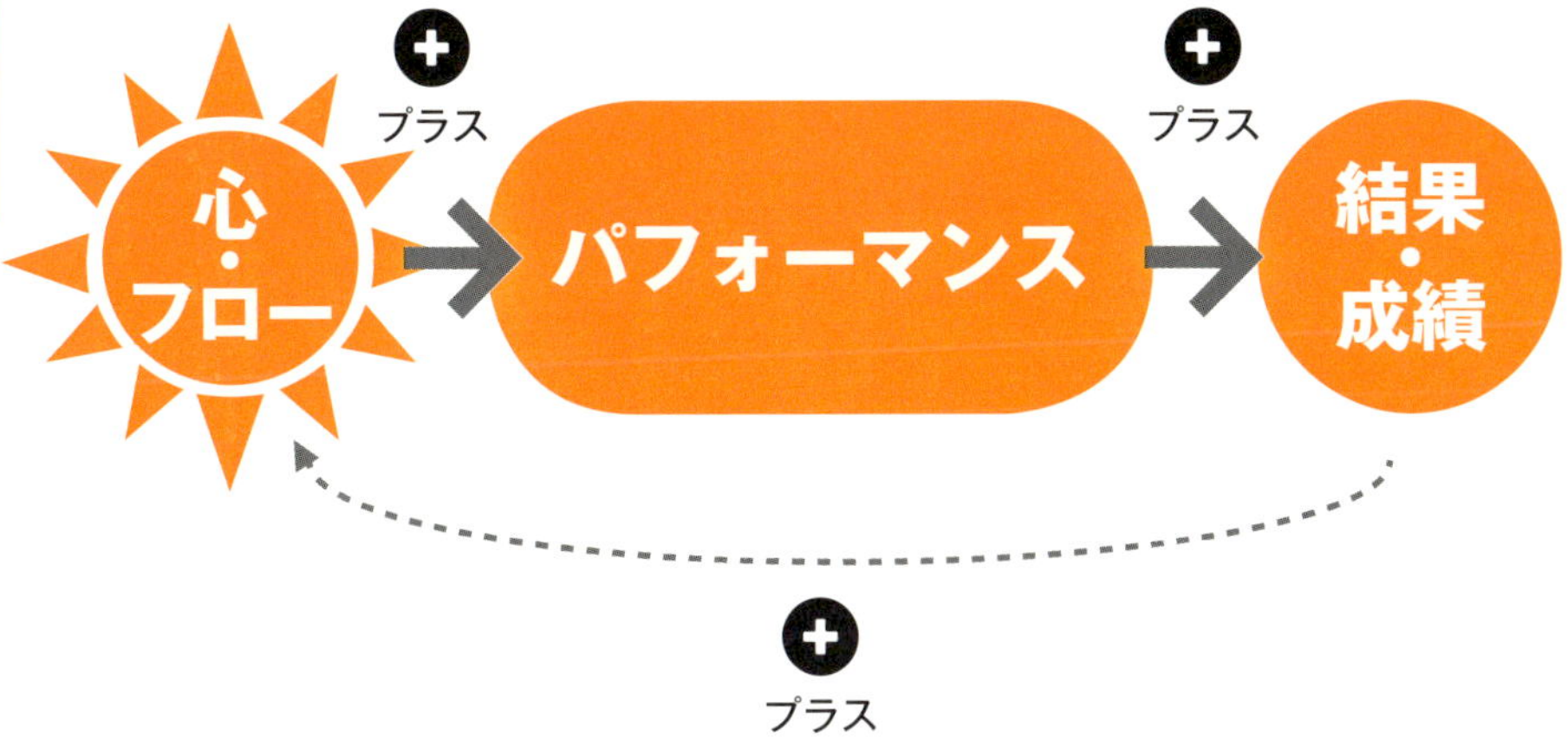

フロー（心）エントリーとはフローな心の状態でまず生き、働くようにすること。それにより自然にパフォーマンスが上がり、結果はやってくる。それがまたフローを生み、ポジティブ・スパイラルとなる。

フローとパフォーマンスの関係

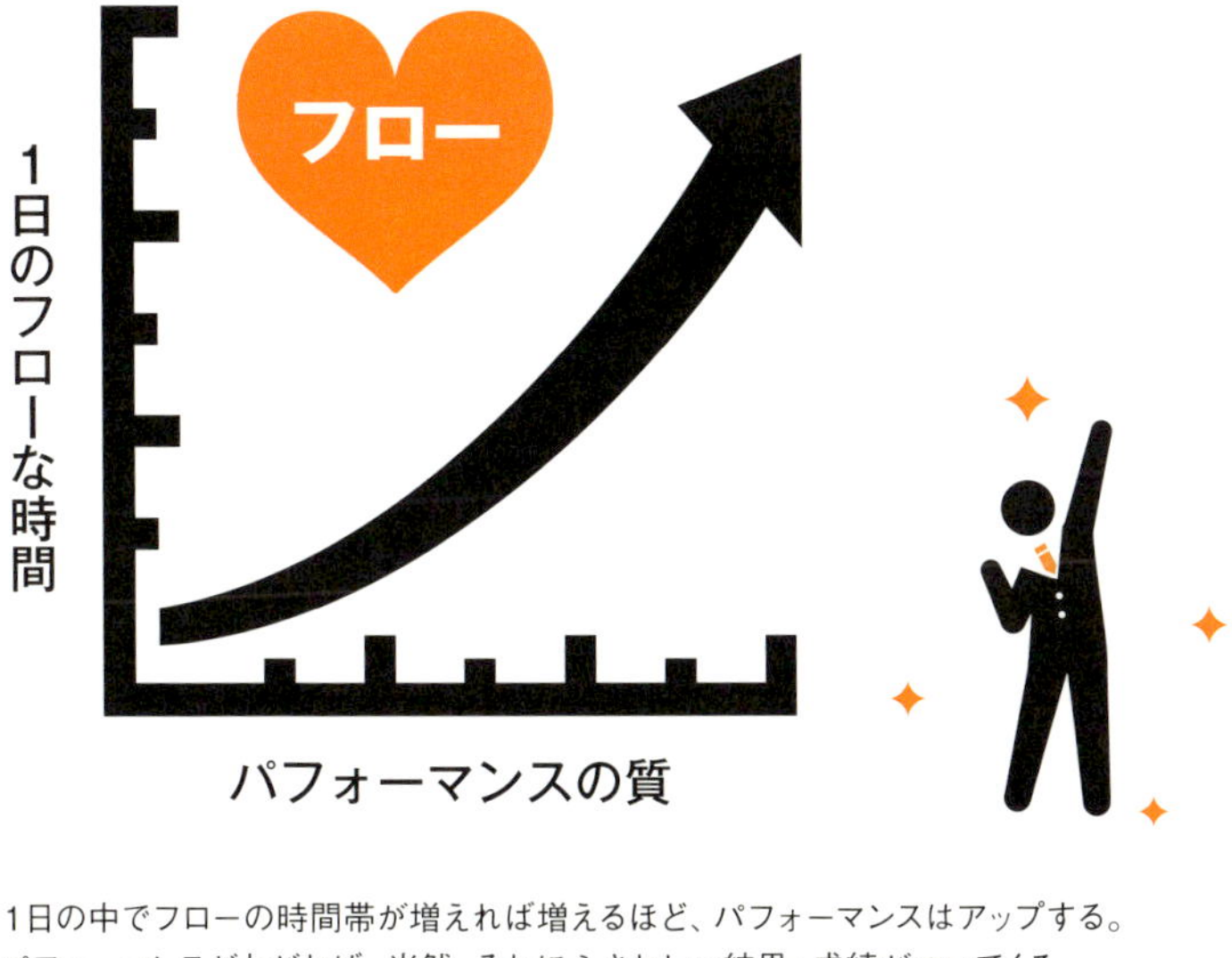

1日の中でフローの時間帯が増えれば増えるほど、パフォーマンスはアップする。パフォーマンスが上がれば、当然、それにふさわしい結果・成績がついてくる。

フローとは、状況に即して、最適・最大・最良・最高にパフォーマンスを発揮できる心の状態

フローな状態というのは、シチュエーションごとに異なる。

それを、統一的に、概念として言い表すと「セルフイメージが大きく安定していて、セルフコンセプトの質がよく柔軟である」という言い方になり、一言で言えば「揺らがず・とらわれず」となる。

これをもっと、観念的にわかりやすく表現するとしたら、フローな状態とはつまり、状況に即して「機嫌のよい状態」だと言える。

もう1つ、別な言い方をすると、フローとは、状況に即して、「自分のパフォーマンスを最適・最大・最良・最高に発揮できる心の状態」と定義することができる。この中でもっとも重要なポイントは〝最適〟である。シチュエーションごとに、フローの状態は異なる。

この能力の鍛え方が甘いと、実はフローになっていないのに、自分で自分の気持ちをだます、あるいは、ごまかしてしまう「偽フロー」の状態をきたしてしまう。結果に対するコミットを切り離し、「自分は自分さ」と斜に構え、達観したつもりになっている。たしかに、ストレスからはフリーでいられるが、逃げているにすぎない。したがって、最適なパフォーマンスを実は出せていない。

一時的にストレスを遠ざけているだけで、嫌でも向き合わないといけないときがいずれくることになってしまう。

こうした状態に陥らないためには、自分の心のセンサーを研ぎ澄まし、心の状態を感じとる感覚を養う必要があるのである。

フローな状態とは

フローな状態 イコール ＝ 状況に応じた「機嫌のよい状態」

↓

機嫌のよい状態 イコール ＝ フロー状態 その結果… パフォーマンスUP!

機嫌が悪い状態 イコール ＝ ストレス状態 その結果… パフォーマンスDOWN!

心のセンサーで心の状態を知る

心のセンサーが機能
心センサーが未熟かつぜい弱
心のセンサーが機能不全
ご機嫌状態
偽フロー状態
ストレス状態

フローは自分でつくれる

自分にとって最適・最大・最良・最高のパフォーマンスを常に発揮し続け、いつも機嫌がよく、そして、結果もついてくるなら、これほどよいことはない。どうしたらその状態を手に入れることができるのか。

私たちの心に影響を与えているものは、①環境、②出来事、③他人の3つが挙げられる。多くの人は、この外部の影響に対処し、自分の心をフローに維持する努力はせずに、自分の心を外部要因に委ねてしまう。自分の心は自分のものなのに、自分で心のありようを決めずに、外部要因に決めさせてしまっているのだ。だから、こういう人は、いつも環境や経験や他人のせいにする。そのほうが一瞬だけ心が楽になるのだ。

でも、ここで大事なことは、外部要因は自分では変えられないということだ。環境も、過去のことも、他人も、自分では変えられない。変えられないものに自分の心が影響を受けて千々に乱れるから、よけいにストレスがかかる。この結果、ストレスの二重奏、三重奏の中に入っていき、ネガティブ・スパイラルに落ち込んでいくわけだ。しかし、結果を招くすべての元凶は、自分の心である。自分の心を外部要因に任せてしまうから、とらわれ、揺れ動いている。それはたいていマイナスの影響だから、状況はよくならない。状況を変えるには、自分で自分の心をつくるしかない。

その自分を強化するのがメンタルトレーニングであり、どんな外的要因があっても、いつも元気、機嫌がよくて、最高のパフォーマンスを上げ、結果を出し続ける心の状態、すなわちフロー状態をつくれるように自分を鍛えるのである。そうすることによって、環境に働きかけ、よい経験が積まれ、よい人に囲まれる。このポジティブ・スパイラルの最初のスイッチは、偶然に訪れた幸運ではなく、自分の心をつくる自分自身だ。つまり、フローは自分でつくれるものなのだ。

心に影響を与えているもの

3つの外部要因

環境
過ごしやすくてよい天気なら、上機嫌になるけれど、暑かったり、寒かったり、雨が降ったりすると気分が滅入り、機嫌が悪くなることがよくある。あるいは、仕事場が働きやすいか、そうでないかなどによっても影響される。社会的に置かれている立場、家族構成なども環境要因といえる。

出来事（経験）
朝寝坊をしてあわてて家を飛び出したところ、車と接触事故を起こしてしまったり、勝てるはずの試合で自分の痛恨のミスで負けてしまったりと、起こった出来事によって、機嫌が悪くなったり、よくなったりと気持ちが左右されやすくなる。

他人
心にもっとも大きな影響を及ぼすファクター。他人にちょっと一言気に入らないことを言われただけで、心に激しい憎悪が渦巻くことがある。好意をよせている相手がそばにいるだけで舞い上がったり、上司が横に座っているだけで、「嫌だなー」と思うことがあるというように、他人は存在だけでも心に影響を与える。

しかし… **外部要因は自分では変えられない！**

自分の心を鍛えて外部要因に影響を受けない

心の状態　セルフイメージとセルフコンセプト①

パフォーマンスを左右するセルフイメージ

心とパフォーマンスは相関関係にあり、「揺らがず・とらわれず」（フロー）の心の状態はパフォーマンスを上げ、「揺らいで・とらわれる」（ノンフロー）悪い状態ではパフォーマンスは下がると言った。これは、観念的にも納得しやすい話だと思うが、心理学の上でも理論的に解明されている。

心理学の中では、心を、冷たい海に浮かんだ氷山にたとえることがよくある。海の上に浮かんで見える部分は、実はほんの先端部分で、海の中にその数十倍の容積の氷が沈んでいる状態だ。このように、見えている部分よりも、見えにくい部分が大きい構造が、心のあり方とよく似ている。

まず、海面に出ている見える部分を、心理学では「セルフイメージ」と呼ぶ。「セルフイメージ」にはいろいろな解釈、言い表し方があるが、私自身は、その瞬間の心のコンディション、エネルギーの度合いと考えている。そして、「セルフイメージが大きい」とか「セルイメージが小さい」と言い表す。

たとえば、出がけに雨が降ってきて、「いやだな〜、憂鬱だな〜」と思っているときは、心のエネルギーが落ちてきている状態なので、「セルフイメージが小さい」ということになる。会社に着いて仕事をしていたら、意外にあっさり片付いてしまい、早く帰れることになった。「ラッキー、飲みに行こうかな」と思っているときは、心のエネルギーが高まっているので、「セルフイメージが大きい」ということになる。そして、帰り支度をしていると、上司に呼び止められて残業を押し付けられてしまった。「え〜、せっかく早く帰れると思っていたのに」と思っているとき。こういうときは「セルフイメージが小さい」という。

つまり、海面に出ている部分は、いつも一定ではなく、絶えず大きくなったり小さくなったりするのだ。

氷山にたとえる「心の状態」

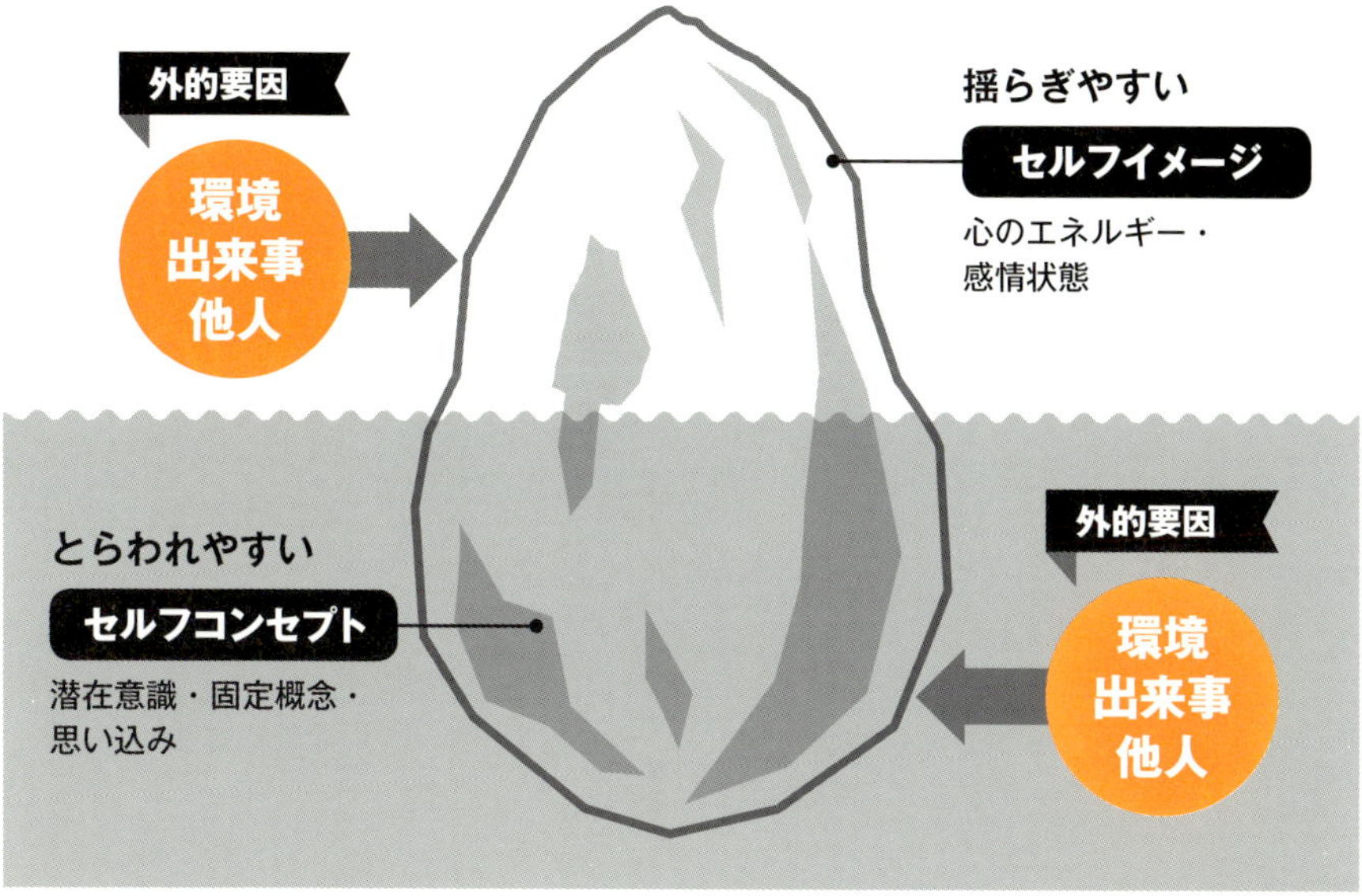

セルフイメージは一定ではない

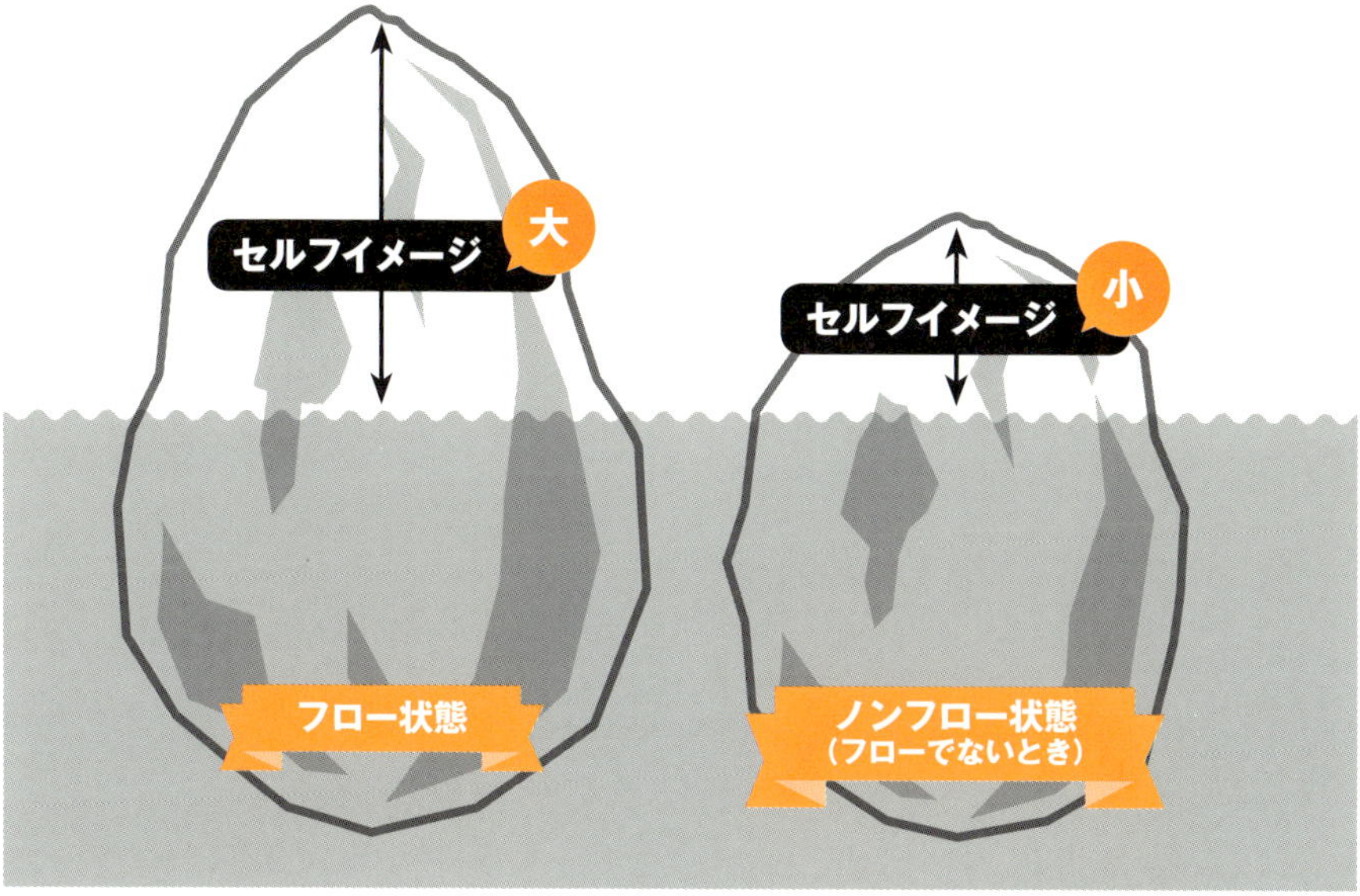

心の状態　セルフイメージとセルフコンセプト②

行動の方向を決めるセルフコンセプト

次に、セルフイメージの下にある、海の中に隠れて見えにくい部分に注目する。この部分を、心理学ではセルフコンセプトという。セルフイメージは感情とリンクしており、感情は自分で気づくことができるので、自分のセルフイメージが大きいか小さいかは、気づこうと思えば気づくことができるし、ある程度ならコントロールすることもできる。

しかし、セルフコンセプトは、見えない、あるいは見えにくい部分にある。潜在意識の中にあるトラウマ、固定概念、思い込みといったものだ。まとめて私は「とらわれ」と呼んでいる。これらは、自分で気づくことはなかなか難しい。気づいたとしても、意志の力で変えるのは、さらに難しい。セルフコンセプトの中には、比較的に軽度の「表層性のとらわれ」と、重度の「深層性のとらわれ」がある。「表層性のとらわれ」は、日々のさまざまなとらわれを言う。一方の「深層性のとらわれ」は、根が深くて頑固である。

このセルフコンセプトは、パフォーマンスの向きを決めている。自分の思考のパターン、行動のパターンは、潜在意識の中にある自分の固定概念の「とらわれ」によって決められているということだ。人間は、何かにとらわれると、その「とらわれ」にしたがう行動をとることに居心地のよさを感じるという不思議な習性がある。それがたとえ自分にとって好ましくないことであってもだ。

企業においても同様である。難しいプロジェクトで「絶対にできるはずです、やりましょう」と声をかけても、従業員みんなが心の中で「無理だよ」と思っている。その状態では、その仕事は絶対に達成できない。自分たちが心で思った「無理」という結果にしたがうほうが居心地がよいから、達成できない方向へと自ら向かって行動してしまうのである。

セルフコンセプトとセルフイメージの違い

	リンクするもの	役割
セルフコンセプト	「とらわれ」 固定概念・思い込み	方向性
セルフイメージ	「感情」 エネルギー	推進力

「とらわれ」にしたがう行動は居心地がいい

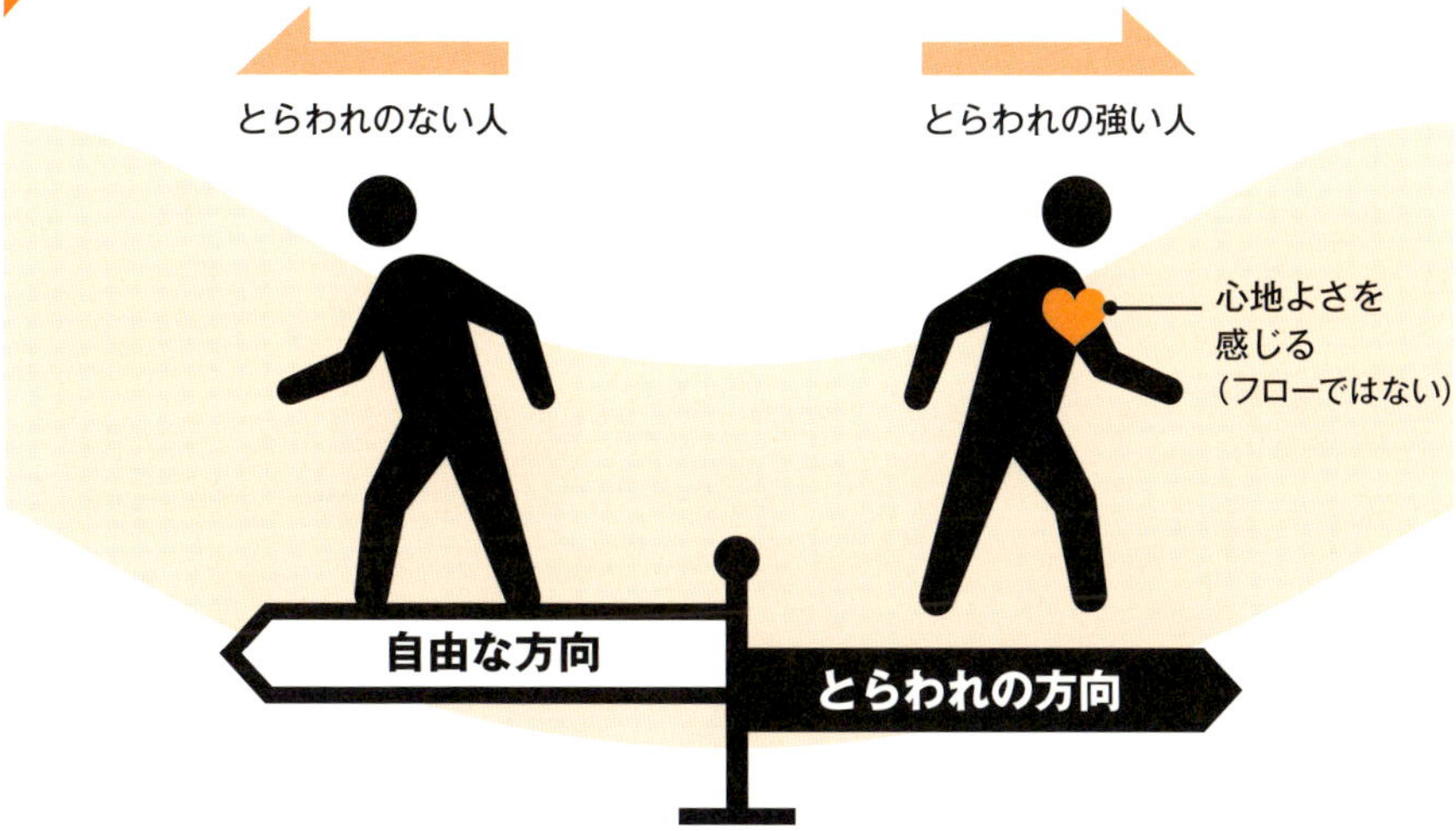
とらわれのない人
とらわれの強い人
心地よさを
感じる
（フローではない）
自由な方向
とらわれの方向

人間は何かにとらわれると、その「とらわれ」にしたがう行動をとりがち。それがたとえ自分にとって好ましくないことであっても、とらわれにしたがうことに居心地のよさを感じるという不思議な習性がある。

心の状態　セルフイメージとセルフコンセプト③

心の「よい状態」がフローを生む

出発点は一緒でも、セルフイメージが大きい人の成長は速く、セルフイメージが小さい人の成長は遅い。ただし、とらわれていると、どんなにセルフイメージは大きくても、方向はずれていってしまう。最初のうちは、その違いはなかなか見えなくても、積み上げていくと、成長の度合いに大きな差が生まれ、たどり着く結果もまったく変わってしまうのである。

よい状態のセルフイメージ、よい状態のセルフコンセプトを保つことができれば、人は短い時間でも、あるべき方向に向けて急速に成長し、能力がどんどん高まっていく。

では、よい状態のセルフイメージ、よい状態のセルフコンセプトとはどのようなものだろうか。

セルフイメージは、いわば、心の推進力であるから、エネルギーが大きいほどよいわけだ。ただ、瞬間的に大きいだけでは不十分である。セルフイメージは感情の影響を受けて大きくなったり小さくなったりを絶えず繰り返している。このため、セルフイメージが大きく、かつ、大きい状態が安定していることが、「よい状態」を意味する。

一方のセルフコンセプトは、方向を決める要素である。セルフコンセプトの内容が悪ければ、どんどん悪い方向に成長してしまう。たとえば、「自分はだめな人間だ」というセルフコンセプトを持っていれば、だめな人間になるように自分を誘導してしまう。要するに、セルフコンセプトは行動や思考を規定するプログラムのようなものであり、好ましい結果をもたらすためには、コンセプトの質が問われる。

セルフコンセプトは内容の質がよく、かつ、「いったん方向性を決めたらテコでも動かない」のではなく、情勢に合わせて最適な方向を見出す柔軟性を持っていることが「よい状態」を意味する。

セルフイメージとセルフコンセプトのフロー状態

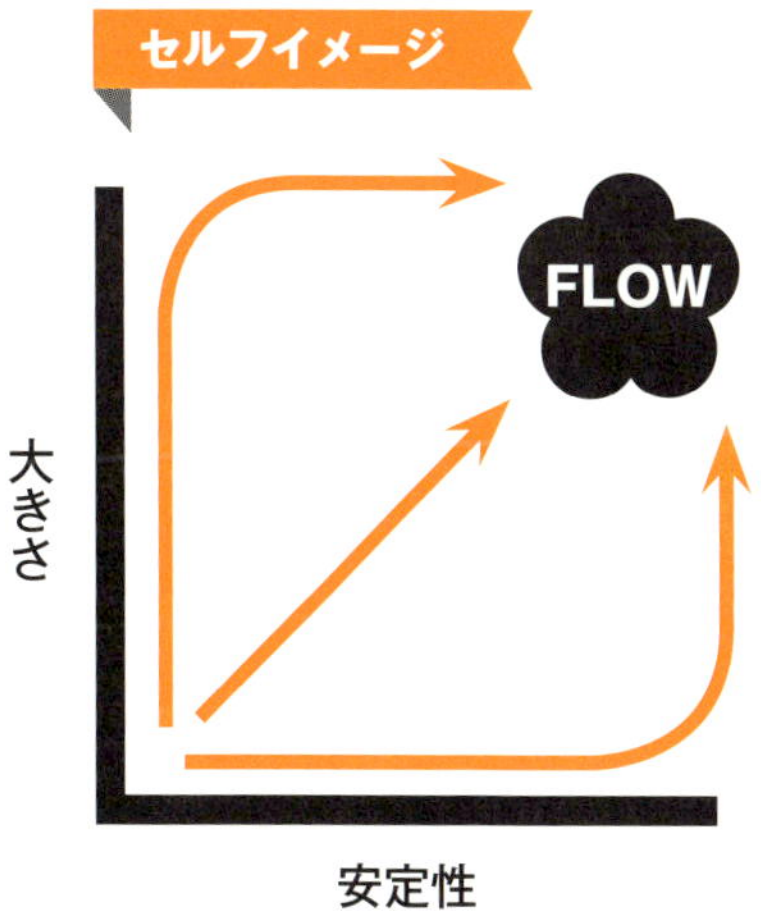

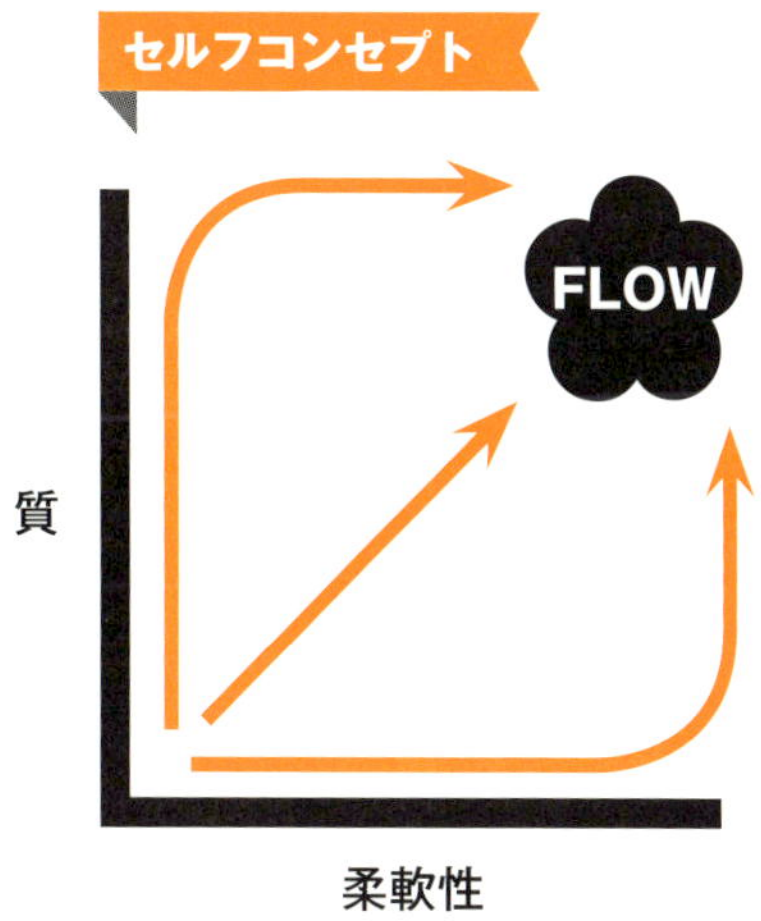

フローとは、「セルフイメージが大きく、安定している」、「セルフコンセプトが柔軟で、良質である」という状態のこと。

フローな状態とストレス状態

フローな状態	ストレス状態
・セルフイメージが大きく揺らぎが少ない ・セルフコンセプトの質がよく柔軟 ・素直な心の状態 ・自然体	・セルフイメージが小さく、揺らぎが激しい ・セルフコンセプトの質が悪い ・一度固執すると思考や行動を支配 ・強固なとらわれ状態 ・エネルギー低下状態

セルフイメージとセルフコンセプトの相互関係

私たちの心を構成しているセルフイメージとセルフコンセプトはともに、環境と経験と他人によって揺らぎ、それにとらわれやすい性質がある。この原因の1つとして、人間の中にある感情をメモリーするシステムの存在がある。感情を記憶するのは脳の扁桃核という部分だ。ここは、一度記憶した感情を忘れずに、ため込んでしまう。ロジックで物事を覚えるのには、膨大なメモリー容量が必要になるが、感情を覚えるのにそれほど容量は必要がなく効率がよいからだ。

人間は、自分の生命の安全や生理的欲求が叶いやすい外部要因の変化にはよい感情が起こり、その逆に、生命の危機を招きやすく、生理的な欲求を阻害する外部要因の変化には悪い感情が起こる。そして、より安全に、子孫を効率的に残せるような行動を自然にとるシステムが、私たちの遺伝子の中にプログラムとして組み込まれている。

生物のこうした特性により、私たちは意識しなくても、起こった出来事によってどういった感情を抱いたか、ほぼすべてを覚えている。そして、似たシチュエーションが起きると、そのときの感情を思い出す。ところが、ここで問題なのは、感情はセルフイメージに大きく影響する上に、その積み重ねがセルフコンセプトをつくっていくことだ。

このときに、感情をメモリーするシステムがあるということは、悪い感情を選択してしまうことが多くなると、セルフコンセプトが硬く質も悪くなってしまう。これにより、「とらわれ」が多くなり、揺らぎを生みやすくなる。

つまり、フローな状態の実現は、セルフコンセプトとセルフイメージという、リンクして動いている2つを意識し、それらが正の相関をもたらすような動きに変えることが必要なのだ。

感情を記憶する扁桃核

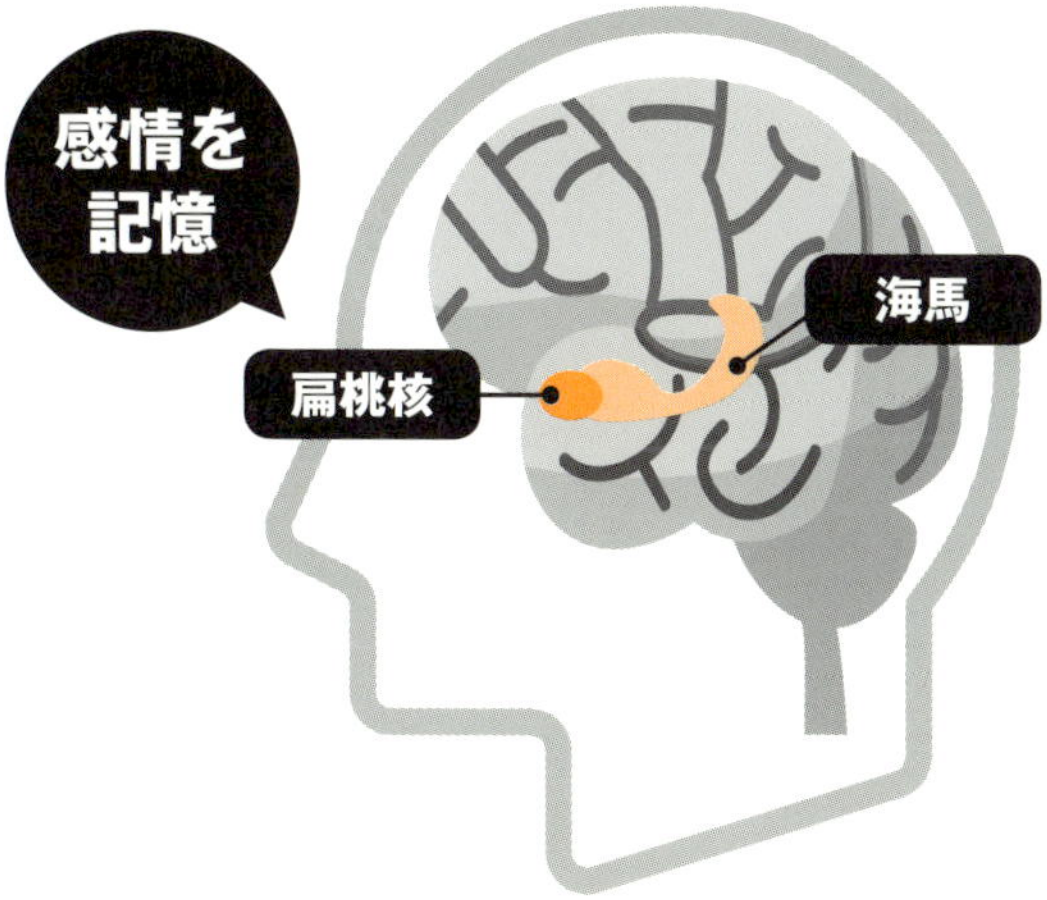

物事を記憶するのは一般的には海馬であり、エビングハウスの忘却曲線によれば、一度覚えたはずのことでも20分で40%を忘れ、1カ月後には80%忘れてしまう。しかし、扁桃核は一度記憶した感情は忘れずにため込む。

感情はセルフイメージ、セルフコンセプトに影響を与える

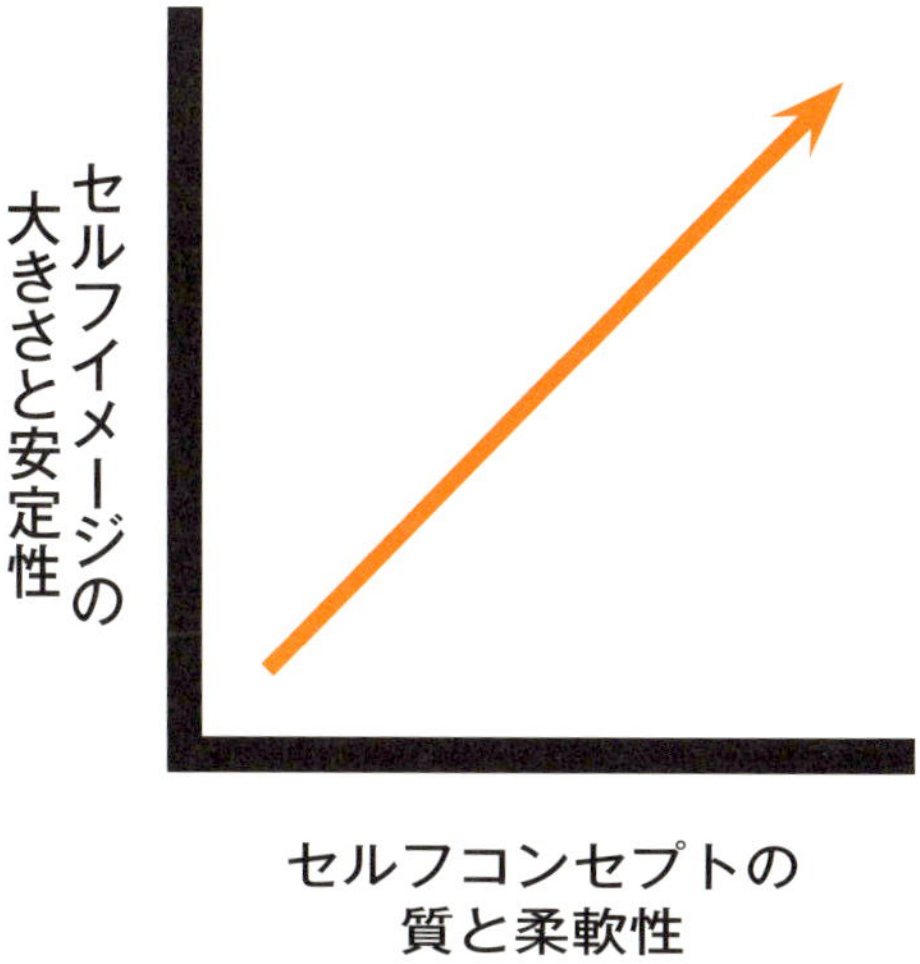

フローの価値①

フロー次第で行き先が変わる

ここに、共に成績優秀な二人のビジネスマンがいたとする。C男は、毎年結果を出しているチームに属していた。同僚や先輩、上司も「お前なら大丈夫だろう」と太鼓判を押す。この結果、C男のセルフコンセプトの中には、「プロジェクトを成功させることは、それほど大変なことではない」ができあがっている。実際に、成功させてきた先輩や上司を見ているのだから、「あの先輩でさえ成功してきたんだから」という認識を持っているわけだ。

一方のD男は、C男と並ぶかそれ以上の秀才である。実力もあるし、何の問題もない。ただし、D男は、これまであまりプロジェクトを成功させたことのないチームに属していた。先輩や上司にプロジェクト成功者が少ないという状態だ。

この二人でどちらがプロジェクトを成功させやすいかといったら、絶対にC男である。もちろん、C男にしても、きちんと努力をしないと成功させることはできないが、同じようにプロジェクトに向かうのでも、パフォーマンスが違ってくる。やることをやっていれば成功できるんだと信じ込んでいるC男はセルフコンセプトが正しい方向を向いていて、セルフイメージが大きいから、仕事の効率がよく成果が上がりやすい。一方のD男は、自信がわかず、成功を心から信じられない。できるはずがないと思い込んでしまっている。セルフイメージが小さいから覚えも悪い。「成功できるはずがない」と思っているから、その方向にどんどん自分を追い込んでしまう。

思い込みが実現する可能性が高いことに変わりないが、ベクトルの方向が違ったために、到達する結果が異なってしまうのだ。だからこそ、思い込みの内容、すなわちとらわれないフローな心で生き、働くことは、人生の結果も変えていくことにつながるのだ。

ベクトルの方向が違うと到達する結果が違う

実力の差のない
優秀なビジネスマン
C男
D男
毎年成果を出す
チーム
配属先
プロジェクトを成功させた
経験のないチーム
新しいプロジェクトを担当
上司
お前なら
大丈夫だろう！
先輩
オレもできたんだ、
楽しくやれよ
セルフ
イメージが
高い状態
セルフ
コンセプトが
正しい方向を
向く
成功は難しくない！
パフォーマンスも上がり
良い結果を実現する
プロジェクト
成功!
上司
難しい
案件だなぁ……
先輩
オレ……
失敗したけど
がんばれよ
セルフ
イメージが
小さい状態
セルフ
コンセプトが
正しい方向に
向かない
成功なんてムリ……
パフォーマンスが下がり
悪い結果を生む
プロジェクト
失敗

フローの価値②

フローはアウトプットの質を向上させる

何があっても、どのような状況でも、いつでも機嫌がいい状態に切り替わっていればフローである。それは、身の周りで起こっている厳しい状況に対して単に鈍感なのとは違う。問題から目をそむけてしまっているのとも違う。あることを素直に肯定し、しかし、決してそれにとらわれない心の持ちようだ。状況にかかわらず、心がフローになっていることがよいことである。心の状態がフローなだけで、自分らしい生き方ができて、充実しているし、幸せで、生きがいを感じるようになる。そして、このような心の状態が訪れると、フローでなかったときと結果は同じということは決してない。よい心でいることとは、必ずよい結果をともなう。

これがフローの価値の1つである。フローになることでアウトプットされるものが変わってくるのだ。フローな心の状態は、起こった状況を素直に受け入れ、その中から、学ぶべき面を見るように努め、厳しい状況の中でも楽しめる要素、自分の成長の糧になる要素を見つけ出し、課題克服までの道程を目的化することができる。すると、事務作業でも営業でも経営課題の克服であっても同じだ。あらゆる状態、あらゆるシーンでアウトプットの精度が上がる。しかも、そこにチャレンジ要素を見つけ出し、自らの成長を図っていくことで、回数を重ねるごとにレベルアップしていく。これによって、能力が加速度的に覚醒していくのである。

さらに、このような人たちが集まることによって生まれる価値がある。これが、フローのもたらすもう一つの価値である。フローな人たちが集まれば、会議ではどんどんよいアイデアが出る。組織内のコミュニケーションは極めて良好になる。みんなパフォーマンスが高いので、ともに刺激を与えあい、チームワークはよく、結束は固い。いろんな意見を受け入れられるようになり、ダイバーシティという面でも極めて有効だ。

フローな心はよい結果をもたらす

心の状態

フローな状態の人	フローでない状態の人
・新たに訪れる変化にワクワクする ・新しい出会いに胸を膨らませる ・新たな今に集中 ・新たな自分にチャレンジ ……etc.	・後悔と自責の念を抱く ・旧経営陣への憎しみや怒り ・さっさと転職した同僚への妬み ・最悪の未来を想像して恐怖と不安 ……etc.

アウトプット

良い結果　　悪い結果

フローな心はアウトプットの精度を上げる

FLOW

・起こった状況を素直に受け入れる
・学ぶべき点を見る
・厳しい状況下で楽しめる、成長の糧を見つけ出す
・課題克服までの道程を目的化する

さらに……
チャレンジ要素を
見つけて成長を図る！

アウトプットの精度UP！

回数を重ねるごとにレベルUP！

フローこそが、これからの企業価値

フローになるためには、結果エントリーから脱しなければならないが、それは決して、結果に対するコミットメントを自分から切り離しているわけではない。フローな心を持つ人は、結果にとらわれていないけれど、自分に課されている目標や戦略は知っている。目をそむけないで、ちゃんと、結果を見据えている。ただし、結果にとらわれるとパフォーマンスが下がって結果を落とすから、フロー状態をつくり出すように常に注力しているのである。

経営に必要な条件として、ヒト・モノ・カネ・情報と言われてきたが、これらの持つポテンシャルを十分に引き出すためには、そのさらに前提条件としてフローであることを重視しなければ、結果の達成は不可能であるとさえ言える。いまの情報化社会の中では、すでにヒト・モノ・カネ・情報では、他社との差別化は図れなくなっている。いっときは、競争力を発揮した商品や情報システムも、いまはどこの会社でもすぐに取り入れることができ、ほどなく価値が下がってしまう。

従来なら、すぐれた職人の手作業でしか作れなかった製品が、いまではほとんど機械化されているから、同じ機械を導入すれば、ライバル会社でもすぐに同じ製品を作ることができる。

しかし、心の可能性は無限だ。そして、心の状態がよくなれば、パフォーマンスが上がる。不確実性の時代に、これほど確実なものはない。社員の心がよくなれば、いままでパフォーマンスの足を引っ張っていた枷が外れる。そのときの伸びしろは、極めて大きいはずである。

社会不安が、労働意欲を削ぎ、消費意欲を減退させ、社会保障への不信を生んでいる。だからこそ、人々の心の存在、価値に気づき、心をよくするために何をすればよいかを企業は考えるべきなのだ。

第2章

フローの知識・意識により下意識化する

フロー度をタイプ別に見る

ストレス状態・偽フロー状態・真フロー状態

人間の心には「ストレス状態（ノンフロー）」、「偽フロー状態」、「フロー状態」の三つのタイプがあり、人によっていずれかのタイプに分かれるだけではなく、同じ人物でもタイプ間を行き来している。

一般的に人は、「我慢する」と「頑張る」の二つのモードでストレスに対抗しようとし、かえってストレスを生み出していることが多い。この二つのモードだけで戦っていては、結局、ストレスに耐え切れず、心が折れてしまう。それが「ストレス状態」だ。これが進行するといわゆるうつ状態に陥ってしまう。

一方、折れるのではなく、逃げるということで心の平静さをキープしようとする傾向の人も少なくない。これが「偽フロー状態」だ。こういう人の口癖は「別に」と「そこそこ」だ。いつも「別に」「そこそこ」なので心が折れることはない。この状態が、新型うつの前段階かもしれない。彼らは、出社はできないが、買い物や旅行には行ける、さらにそれをSNSなどにアップしているという話だ。今、この新型うつ状態の人が急増しているとも聞く。

「ストレス状態」も「偽フロー状態」も、一時的な現象ならいいのだが、これが恒常的になってしまえば心の病だ。こうなると医療の手を借りなければならない。だからこそ我慢して頑張っている状態のときから、折れず、逃げずの心の作り方を体得しておくことが重要となってくる。ストレスは、気合と根性では解決できないことは、近年のうつ病や、新型うつ病の急増で多くの人がうすうす気づいているのではないだろうか。

そして、三つ目の「フロー状態」こそが、本書が目指すものであり、後述する脳の新しい使い方を体得することで、ストレスに対して常にフローな、ご機嫌な心を保っている状態なのだ。

ストレスに対応する4つのパターン

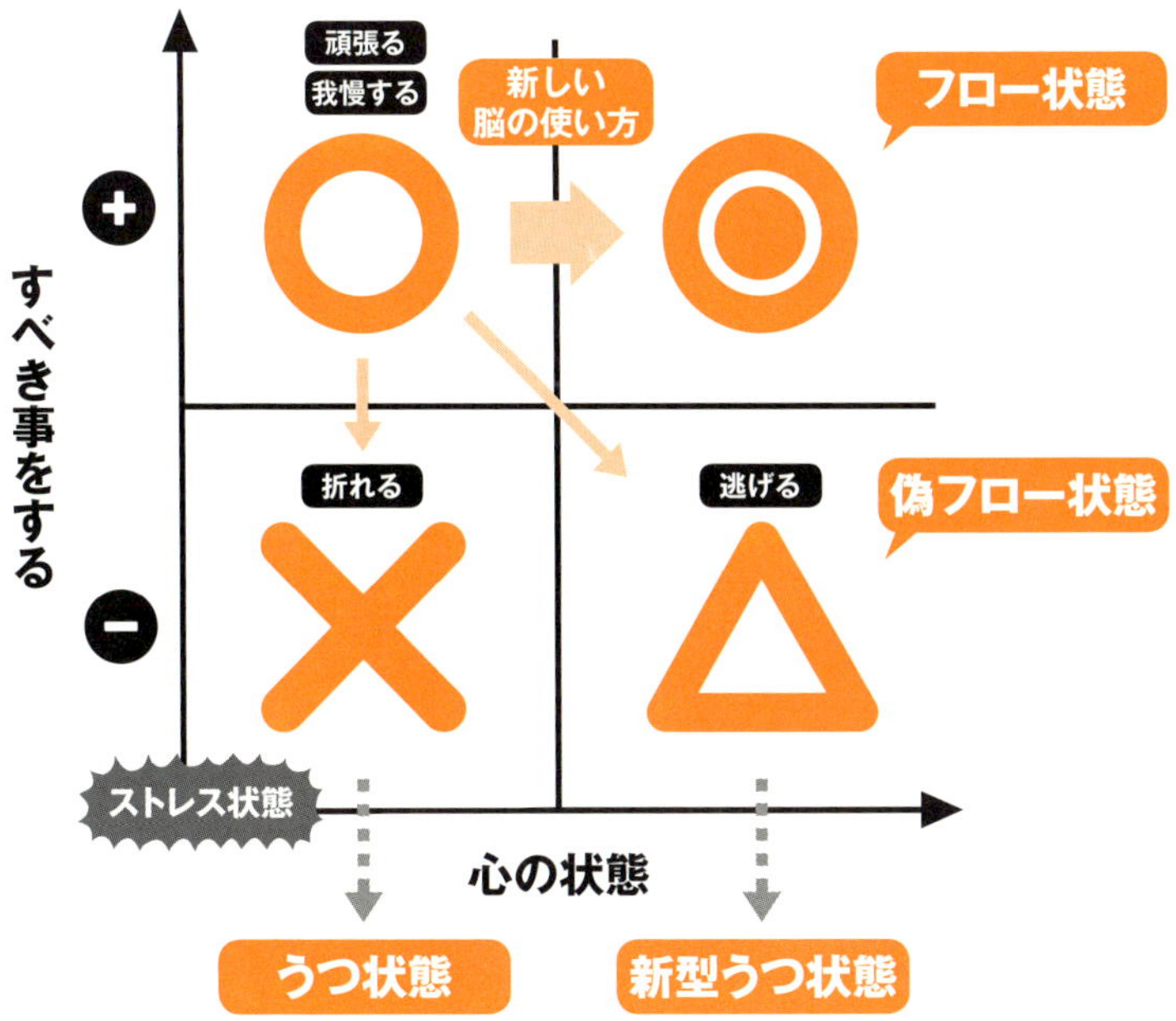

フロー度による3つの心の状態

ストレス状態（ノンフロー）	「我慢する」「頑張る」の二つのモードでストレッサーに対抗しようとして、かえってストレスを生み出し、その結果、心が折れてしまった状態。これが進行するとうつ状態となり、さらに悪化すると心の病に陥ってしまう。
偽フロー状態	ストレッサーと向き合わず、逃げることで心の平静を保とうとする状態。やるべきことを遂行しないことで、ストレスを回避している。昨今、急増している新型うつと呼ばれる人は偽フロー状態が恒常化した結果なのかもしれない。
フロー状態	どんなときでも外界とは関係なく、そのときの自分を自分自身の力で心をご機嫌に整えることができる状態。これと同時に、常に外界の出来事に対して、何をすべきなのかを考え認識し、遂行する状態。

新しい脳の使い方①

認知脳が持つ3つの役割

フロー状態になるためには、新しい脳の使い方が必要だと先に述べた。そこでまずは「脳の機能」について簡単に説明していこう。

人間の脳は、機能的な観点からみると「認知」という機能が主役となっている。この認知脳には以下の3つの機能を司っている。

まずは、外界と接着する機能。常に、環境、出来事、他人といった外界とつながるようになっているのが認知の役割だ。これらの情報を、五感を通じて受け取り、常に脳の認知機能が働きキャッチアップしながら接着しているのだ。

二つ目は、行動の内容を決定していく機能。何をやらなければならないのかということを決定するために、外界に接着して得た情報を分析し、活かしていく脳の役割だ。

最後の三つ目が、外界の出来事に対して行動を促すために、そして感情をそこで生み出していくために、意味づけをする機能。これにより、感情が生み出される。ほとんどの動物は生命維持のためにしか行動しないため、基本的に意味づけはしない。しかし、人間だけは脳の認知機能により、事実に意味づけをするのだ。夜は暗いというのも意味づけであり、暗いと不便というのも意味づけだ。

人間は他の動物よりもこれらの3つの機能が優れている。これらの機能が低下した状態が認知症だ。外界の出来事がわからなくなり、どう行動していいのかがわからなくなり、そして、その意味がわからなくなってしまうのだ。言い換えれば、認知機能は人間らしさを司っている機能ということでもある。

つまり、脳の認知の機能を育むことによって、人間は進化し、文明を発展させてきたと言っても過言ではないのだ。

認知脳が持つ3つの機能

外界と接着する機能

常に外の出来事につながるようにする役割。たとえば、天気などの環境、結果を代表する出来事、家族から仕事関係者、友人、今日駅で見かけた見ず知らずの人にいたるまで、いつでもどこでも向いている人間の関心。

行動の内容を決定していく機能

生きている限り、何もしていないという状態はない。どんなときにも、外界に影響を受け、判断し、何をするかを決めて行動している。火を使い、道具を作り出し、車を運転し、インターネットのソフトウェアを開発したりするのも、すべて認知脳による行動内容の進化があったからこそだ。

意味づけをする機能

外界の出来事に対して行動を促すために、また、感情をそこで生み出していくために意味づけをするという機能。たとえば、雨だから憂鬱というのは、意味づけしたことが原因。人間は意味づけの生き物であり、それは、脳の認知機能の成せる業だ。

認知症は認知機能が低下した状態

外界の出来事がわからない
どう行動していいのかがわからない
その意味がわからない……etc.

認知脳が司る機能が低下

新しい脳の使い方②

認知脳が心に与える影響

外界と接着したり、意味を考えたり、行動の内容を明確にしていく人間の脳の中心的役割を果たすのが認知脳だ。しかし一方で、この認知による脳機能が人間の心の状態に影響を与えているのも事実と言える。それも「ネガティブな意味づけを起こしやすい」ということもわかっているため、心の状態に対しては、よい働きとは言い難いだろう。

たとえば、虎は雨が降っても憂鬱だという意味づけはしない。キリンも気温が30度を超えても暑いという意味づけはしない。しかし、人間の場合、雨が降ると憂鬱になり、気温が30度を超えると「暑い！」と思ってしまうのだ。

特に昨今は、認知脳が働きやすい「結果エントリーの社会」「物質の社会」となっているため、認知機能が暴走せざるを得ない状況になっている。

すると、人間はまず、外界が変われればストレスは減ると、「雨がやまないかなぁ」「猛暑が早く終わらないかなぁ」と考え始める。また、認知の脳機能は行動の内容を大切にするため、「食事でもして気分を変えよう」「ストレス解消に散歩でもしよう」と、行動の内容を切り換えようとする。ところが、元凶である外界はなかなか思うように変えられず、ストレスは解消されない。さらには、なるべくプラスに意味づけすることで心の状態をよく保とうと試みる。これが「ポジティブ思考」だ。しかし、ポジティブ思考や、外界や行動に頼る方法では「自分自身の心を自分でマネジメントする」「自分の機嫌は自分でとる」といった自分の内側に向けた脳機能がいつまで経っても鍛えられないばかりか、劣化を促してしまう。

認知脳は、答えを外に探そうとする、これは人間の宿命でもある。しかし、いくら外に答えを探しても、残念ながら答えはどこにもないのが現実なのだ。

認知脳によるストレス対策（不快対策思考）

❶ 外界を変えようとする

❷ 行動をとる

❸ 気にしない、考えない、忘れる

❹ プラス思考、ポジティブシンキング

ポジティブ思考には限界がある

心のストレス状態が起こらないように、自分自身の意味づけをプラスに変えて解釈しようとするのが「ポジティブ思考」だ。人間は、生命維持以上の行動を遂行するために、意味づけが進化とともに強化された。そして、その意味づけがネガティブな意味を形成する傾向にある。たとえば、「夜は暗いから、不便だ」と人間はネガティブに意味づけし、これによって夜を明るくするための電気を発明することができたとも言える。このように認知脳にはネガティブな意味づけが宿命づけられていて、人間である以上は、この認知による脳機能が搭載されているため、ネガティブ思考になりがちなのだ。

しかし、社会はポジティブ思考をもてはやす風潮となり、本来人間が持っているネガティブな意味づけをすることを否定するため、どこかで無理をし、心が苦しくなっている。またそれ以上に「ネガティブ思考がいけない」、と自己否定していることが、実はもっとも苦しみを作っているとも言える。私はポジティブ思考を否定しているわけで決してなく、ネガティブな意味づけをしてしまう人間の特性を否定しても、結局はフローな状態にはなれないということが言いたいのだ。いくら本来のネガティブな意味づけをポジティブに変えたところで、意味づけに揺り動かされて、外界の環境や出来事、他人にとらわれ、心に影響を与えてしまっていることには変わりはないということだ。

新しい脳の使い方③

ライフスキルは自身の内側に向く脳

心を乱してストレス状態を作ってしまう脳だが、心を守ってくれるのもまた自分自身の脳だということを知ってほしい。

「認知脳」は外界に向かい、外界と接着して暴走を起こし、心の状態に嵐を起こす。この外界へ向かう認知脳とバランスをとって暴走を鎮静化するためには、脳を内側に向けることが重要だ。内側とはすなわち自分自身、つまり心だ。この脳を内側に向けるのが「ライフスキル脳」なのだ。

応用スポーツ心理学の用語であり、WHOでも使われているこの「ライフスキル」という言葉を、私は心に特化した脳力と考え、それを鍛えるトレーニングを専門に行っている。

現代においては、自分の心を自分で整え、「揺らがず、とらわれず」なフローな状態を自ら作り出し、心を切り換えていく脳力が求められている。

外界に向いて行動を作り出すための「認知脳」と、自分という内側を向いて心を整えるための「ライフスキル脳」。この二つの脳をバランスよく働かせることこそが、新しい脳の使い方だ。さらにこの使い方ができれば、自分らしいQOL（quality of life）の高い生き方をも実現可能だ。

このような生き方を、私は二つの脳が働いているということから「バイブレイン」と呼んでいる。そして、バイブレインで生きている人を「バイブレイナー」と呼ぶ。

バイブレインで生きれば、行動と心を分けて対応できるようになる。するとパフォーマンスも向上する。つまり、行動内容を「認知脳」で明確にしながら「ライフスキル脳」で、常に自分の心の状態をフローに、ご機嫌にマネジメントしていくのだから、間違いなくパフォーマンスは上がるというわけだ。

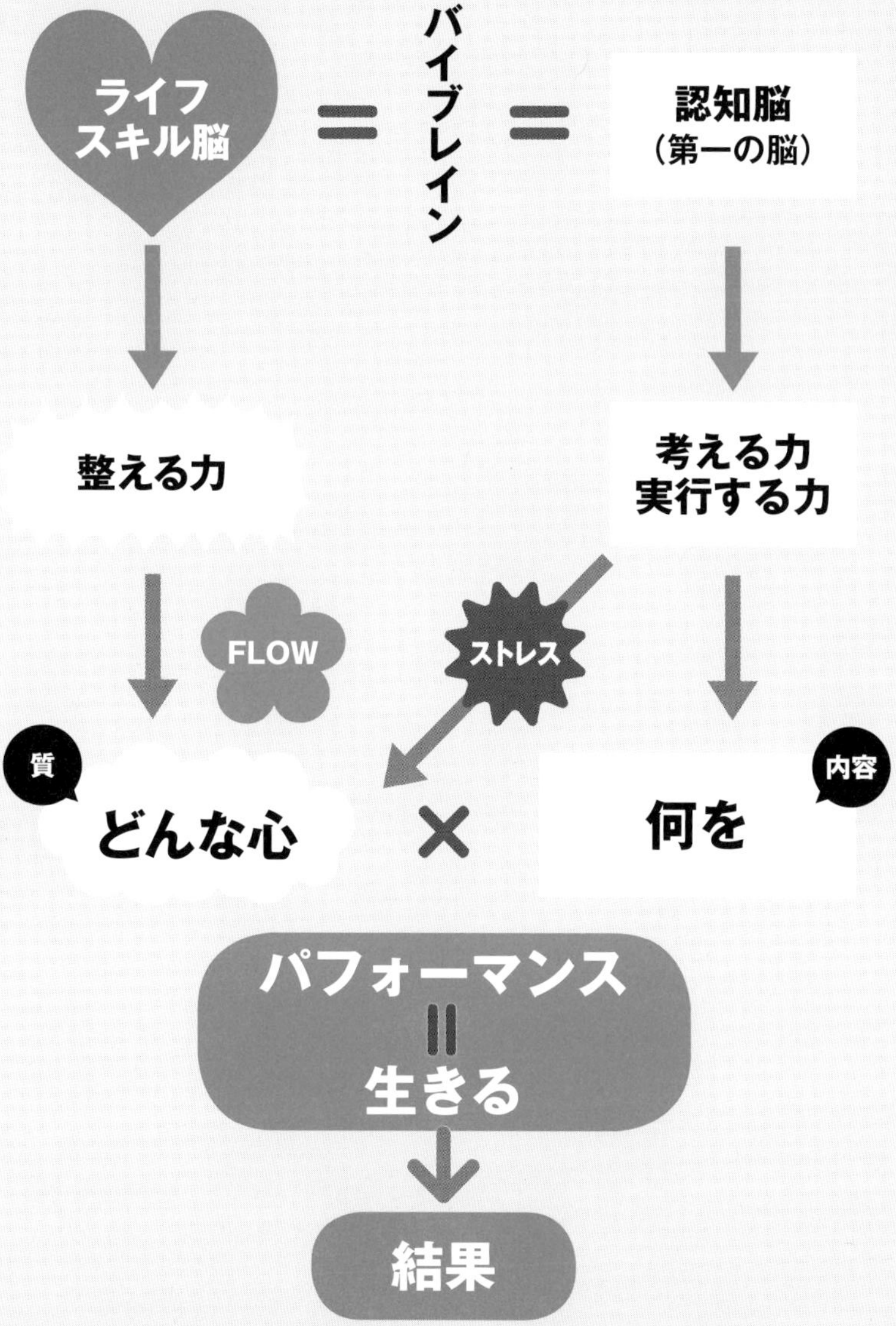

2つの脳を使うことで、行動と心を分けて対応できる。行動内容を第一の脳である「認知脳」で明確にしながら第二の脳である「ライフスキル脳」で、常に自分の心の状態をフローに、ご機嫌にマネジメントしていく。すると、パフォーマンスも向上し、結果につながる。

新しい脳の使い方④

二つの脳をよりよく働かせるバイブレイナー

人はひとつのものを勧めると、もう一方は不要だと認識しがちだ。「認知脳が心をノンフローにするので、ライフスキル脳を鍛えよう」と提案すると、なぜか「認知脳は悪いので使わないほうがいい」と聞こえてしまうようだ。

しかし、私は認知脳を否定しているのでは決してない。あくまでも第一の脳である「認知脳」をよりよく働かせ、するべきことの質を上げて遂行していくために、第二の脳として「ライフスキル脳」を磨こうと提案しているのだ。

「認知脳」と「ライフスキル脳」をバランスよく使う新しい脳の使い方を習慣化できれば、つまりバイブレイナーになれば、企業や組織の中ではもちろん、仕事や人生でどんなことが起きても、自分を見失うことなく、高いパフォーマンスを発揮できるようになる。

ここで間違えないでほしいのが、バイブレイナーは、するべきことをせずに逃げて、機嫌よく過ごす、いわゆる偽フロー状態ではないということである。つまり、自分勝手や自己中心的な生き方とは全く違うものなのだ。私は、するべきことをしないで、また、外界のストレッサーから逃げることで心をフローな状態、ご機嫌な状態でいようと言っているのではない。

常に外界の出来事に対して、何をすべきなのかを考え認識し、遂行していく。そして、どんなときでも外界とは関係なく、そのときの自分を自分自身の力で心をフローな状態に整えるようマネジメントできる人。こういう人こそが、「認知脳」と「ライフスキル脳」の二つを上手に使いこなしている、つまり、新しい脳の使い方ができる優秀なバイブレイナーと言えるだろう。

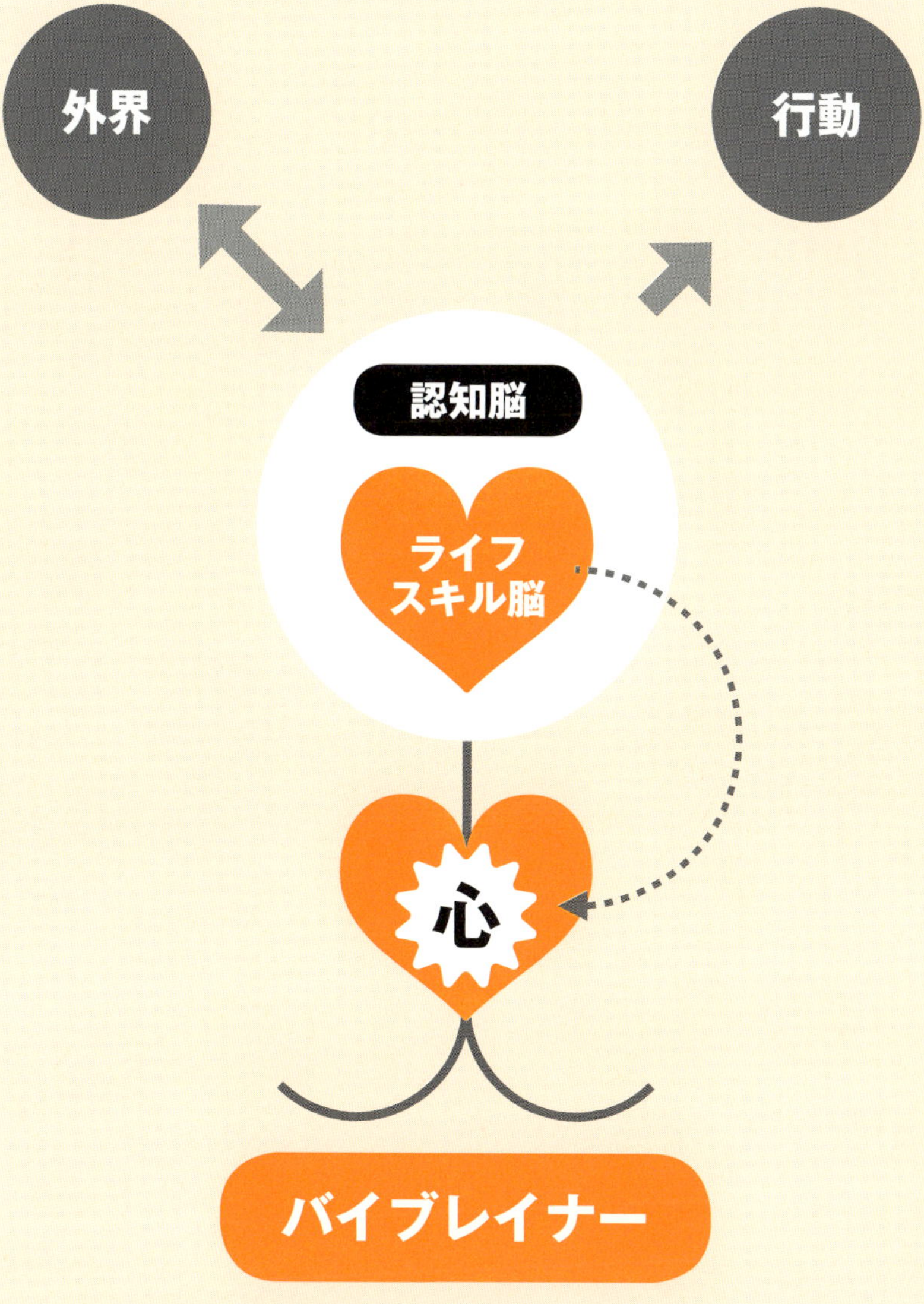

認知脳とライフスキル脳をバランスよく働かせて生きている人をバイプレイナーと呼ぶ。簡単に言えば、量と質を大事にし、見えるものと見えないものを大事にし、外界も内側も大事にし、結果も過程も大事にする。そして、物質も大事だが、心も大事にする。どちらが大事ということではなく、それぞれを大事にする脳機能を有している人のことを指す。

ライフスキルの役割

「気づきの思考」と「考える思考」

思考には「気づきの思考」と「考える思考」の二つがあり、これこそがライフスキルの大きな役割とも言える。

思考する脳の機能は脳内環境を変え、気分を変えることがわかっている。最近の量子物理学の研究では、思考の本体は光であり、どんな思考をするかによって、脳の中の光、つまりエネルギー供給の度合いに違いがあると言われているのだ。

「気づきの思考」は、認知脳の暴走を抑え、フローを阻害する（ノンフローにする）嵐を鎮静化するものだ。簡潔に言えば、自分の外側に向かう認知脳とバランスをとって、その暴走を抑えるために脳を内側に向ける。つまり自分自身、自分の心への「気づき」ということだ。

たとえば、認知脳は感情に気づくという役割を担っていないため、いまの自分の感情への気づきは難しい。そのため「不安だ」「がっかりしている」「楽しい」「焦っている」など、なぜそうなったのかの出来事や意味は関係なく、どんな感情が自分の内側に存在しているのかを気づくようにする。もちろん、いま自分の心は、フローなのかフローでないのかに気づくことも大切だ。機嫌がいい、悪いでもいいだろう。また、認知脳により「いま自分が意味づけをしている」、という事実に気づくことも重要と言える。これらの「気づきの思考」の感度やセンスを持つことがフローになるための大きな一歩となる。

もうひとつの「考える思考」は、考えることで脳にエネルギーを供給し、心にフローの作用を自ら吹かす思考だ。詳しくは後章に譲るが、いまに生きる、好きを大事にする、一生懸命を楽しむ、自分に素直になるなどの思考がある。

これらの二つの脳の思考習慣を身につけることが、心をフローへと導く鍵を握っているのだ。

ライフスキルの役割

気づきの思考	考える思考
認知脳の暴走を抑え、フローを阻害する嵐を鎮静化する	思考のエネルギーにより、フローの風を自ら吹かす
・意味づけをした自分に気づく ・自分の心の状態に気づく （フローかどうか、ご機嫌かどうか） ・いまの自分の感情に気づく 「イライラしている」「楽しい」 「ウキウキしている」「焦っている」 etc.	・今に生きる思考 ・好きを大事にする思考 ・一生懸命を楽しむ思考 ・素直を重んじる思考 ・変化を重んじる思考 etc.

いま、自分はどんな
感情なのかに気づく
「気づきの思考」

脳力＝ライフスキルは鍛えられる

それでは、フローを手に入れるためにはどうすればいいのか。この点が、いままでの心理学的なアプローチではなかなかつかめなかった。なぜなら、従来は、心の状態とその状態をもたらす力が一緒に説明されてしまっていたからだ。

「心が弱い・強い」と言ったときに、それは、心の状態が悪いことを言っているのか、心をよくするための力がないことを言っているのかよくわからず、非常にあいまいな話になってしまう。フローという心の状態と、その状態をもたらすための能力を分けて考えなければならない。そして、フローな状態をもたらす能力が、私の言う「脳力」であり、ライフスキルである。

脳力と名づけたのは、心にフローな状態をもたらすためには、脳が持つ力を引き出し、脳の力こそが心の状態をつくり出していくことが近年次第にわかってきたからだ。

脳力は、筋力や心肺機能、あるいは計算力や記憶力などと同じく、人間の持つ1つの能力である。そして、能力である以上、まず知識を得て、意識してその技術を体得し、自在に使えるようになるまで訓練しなければならない。スポーツや仕事のスキルも、能力が身に付いていくプロセスは一緒である。たとえば、スポーツなら、最初は誰かにやり方やコツを教えてもらい、言われた通りに意識しながら練習していき、やがて、意識しなくても体が自然に反応するようになり、初めて自分のものになる。このように、能力とは、知識のレベル、意識のレベル、無意識に行うことのできる下意識のレベルの3つの段階を経てスキル化されるものだ。

左のようにメンタルトレーニングの難しい点もあるが、脳力もスキルなので、こうしたプロセスは基本的に同じで、やれば身に付くものである。

脳力＝ライフスキルを身に付けるのが難しい点

1 イメージでとらえにくい

心という目に見えないものを扱っているだけに、フローというものをイメージでつかまなければならないがそれが難しい。

2 フローの価値に気づけない

フローな状態を手に入れるためには訓練が必要となり、身に付くまでには時間がかかる。その面倒なことに向かわせるためには、自身の価値となる必要がある。

3 知識を得ただけで満足しがち

メンタルスキルは、すべて頭の中で完結することなので、知識を得た時点で習得した気分になってしまっていることが、非常に多い。

スキル化までのプロセス

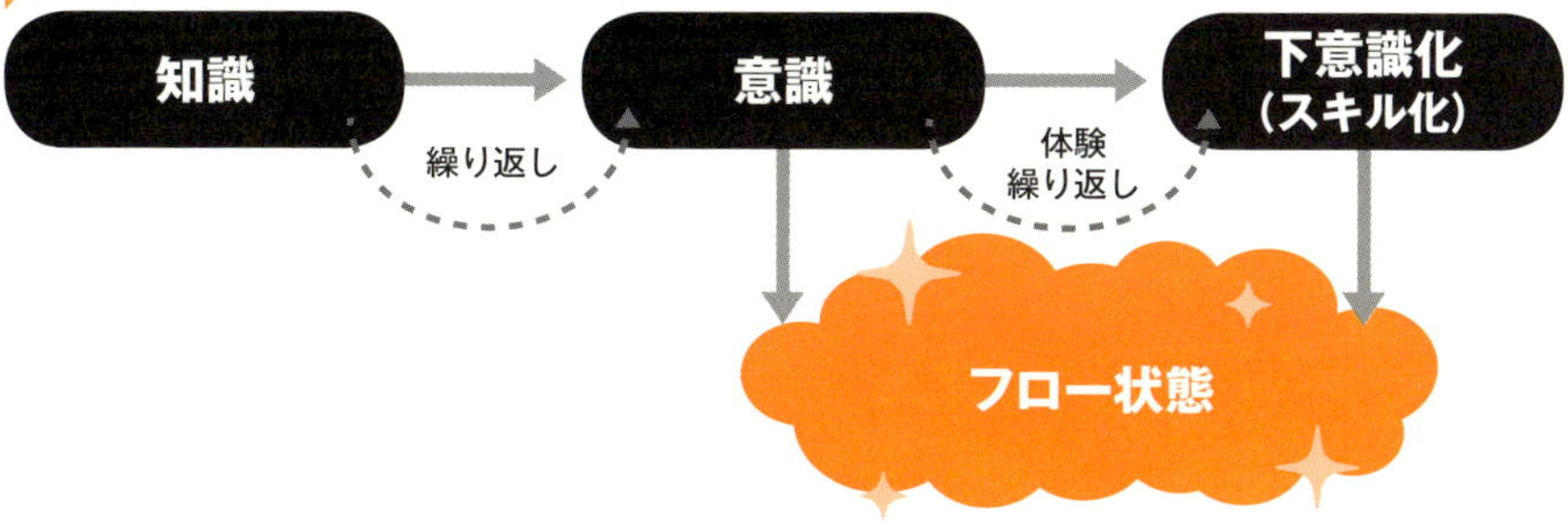
知識
繰り返し
意識
体験
繰り返し
下意識化
（スキル化）
フロー状態

脳力（ライフスキル）によって心をフローにする

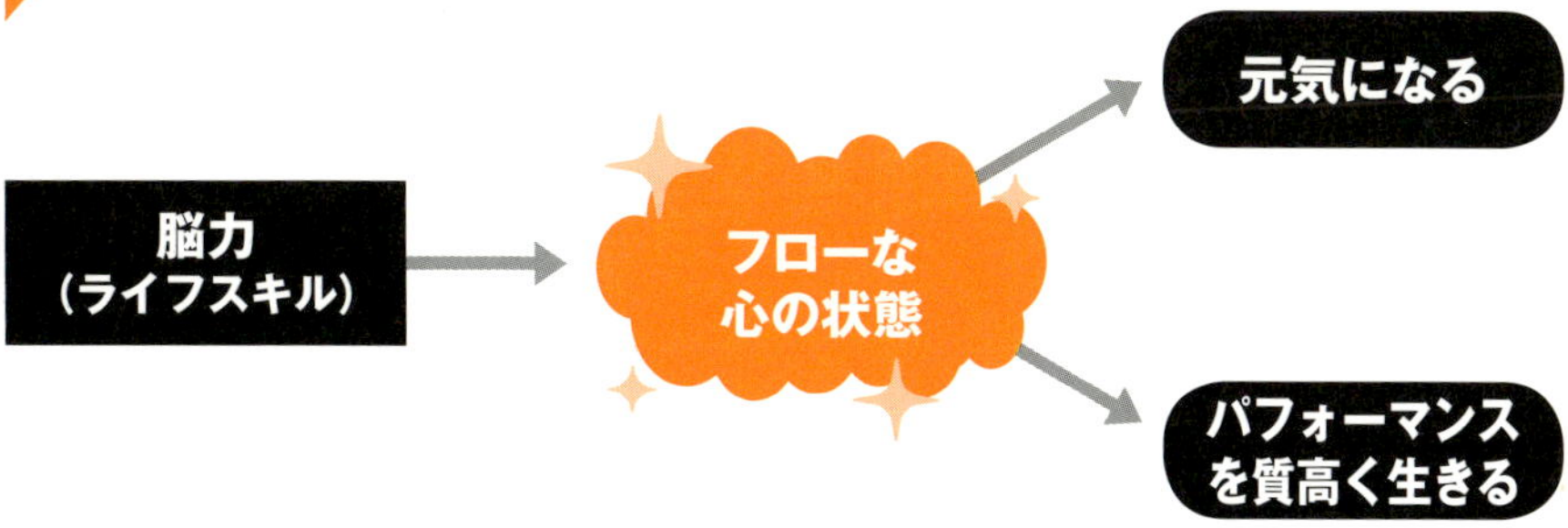
脳力
（ライフスキル）
フローな
心の状態
元気になる
パフォーマンス
を質高く生きる

脳のスキル化①

フローの知識化から意識化

野球の教則本を読んで理屈を納得しただけでは絶対に野球がうまくならないように、私の脳トレーニングも、理論を納得しただけでは絶対に身に付かない。意識して使ってみて、「なるほど、こういうことか」と、感覚として理解するまでやらなければ、フローにはなれないのである。

たとえば、最高のフロー・ワードとして私が提案している言葉に「ありがとう」という言葉がある。この言葉は、フローをもたらす最高のツールであり、「ぜひ、使ってください」と私は常に勧めている。すると、たいていは、「そうですね。じゃあ、これからはなるべく『ありがとう』と言うようにします」と言う。これでは、フローにはなれない。

「ありがとう」と言えば、フローになれるという理屈はわかっても感覚的に理解しているわけではない。意識して使い続けない限り、そのうちに忘れてしまう。

そこで大切なのは、「ありがとう」と心の中でいつも唱え、何があっても、「ありがとう」と言うと決めることである。そして、実際に、心の中で「ありがとう」と反復して唱え、何があっても、「ありがとう」と言うことを試練として自らに課す。それでこそ、フローの体感が生まれるのだ。極端に言えばこのとき、「ありがとう」と心底思っていなくても構わない。

これが意識の段階でやるべきことだ。実際には心穏やかでなくても、「ありがとう」と言うことで、実は、揺らぎ、とらわれている心をフローに戻す作用がある。感謝の心が芽ばえるまで待っていては日が暮れてしまうだろう。つまり、意識して行うということは、フローをキープするために、揺らぎ、とらわれてしまった心をリカバリーすることだけでなく、スキル化への第一歩ともいえる。

脳力（ライフスキル）の育み方

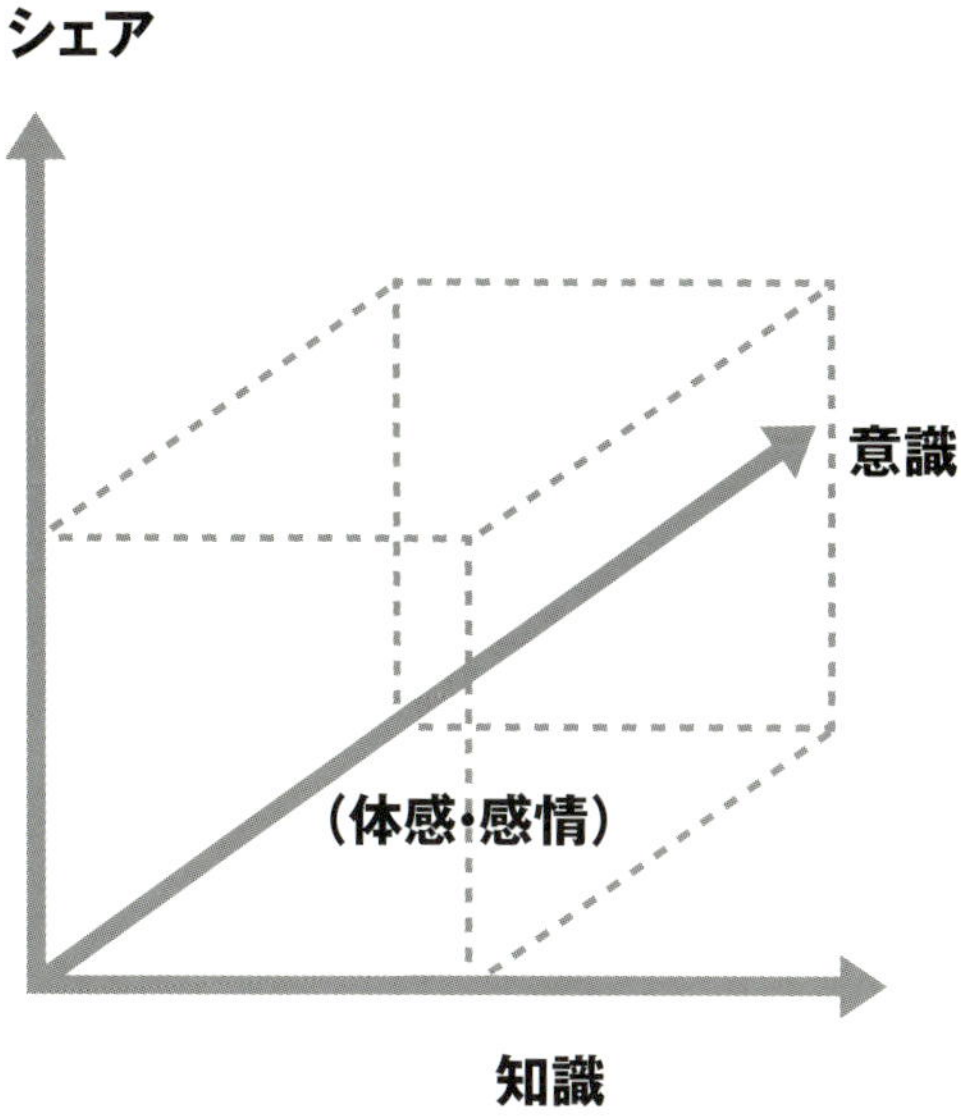
シェア
意識
（体感・感情）
知識

シェアとは知識があって意識の実践した人のみに生じる体感や感情の中で、フローにつながるものを脳に印象化するために話すこと。ライフスキルは知識、意識、シェアによって脳の中に3次元の立体を形成することでできる脳の機能。

感覚として理解するまで繰り返す

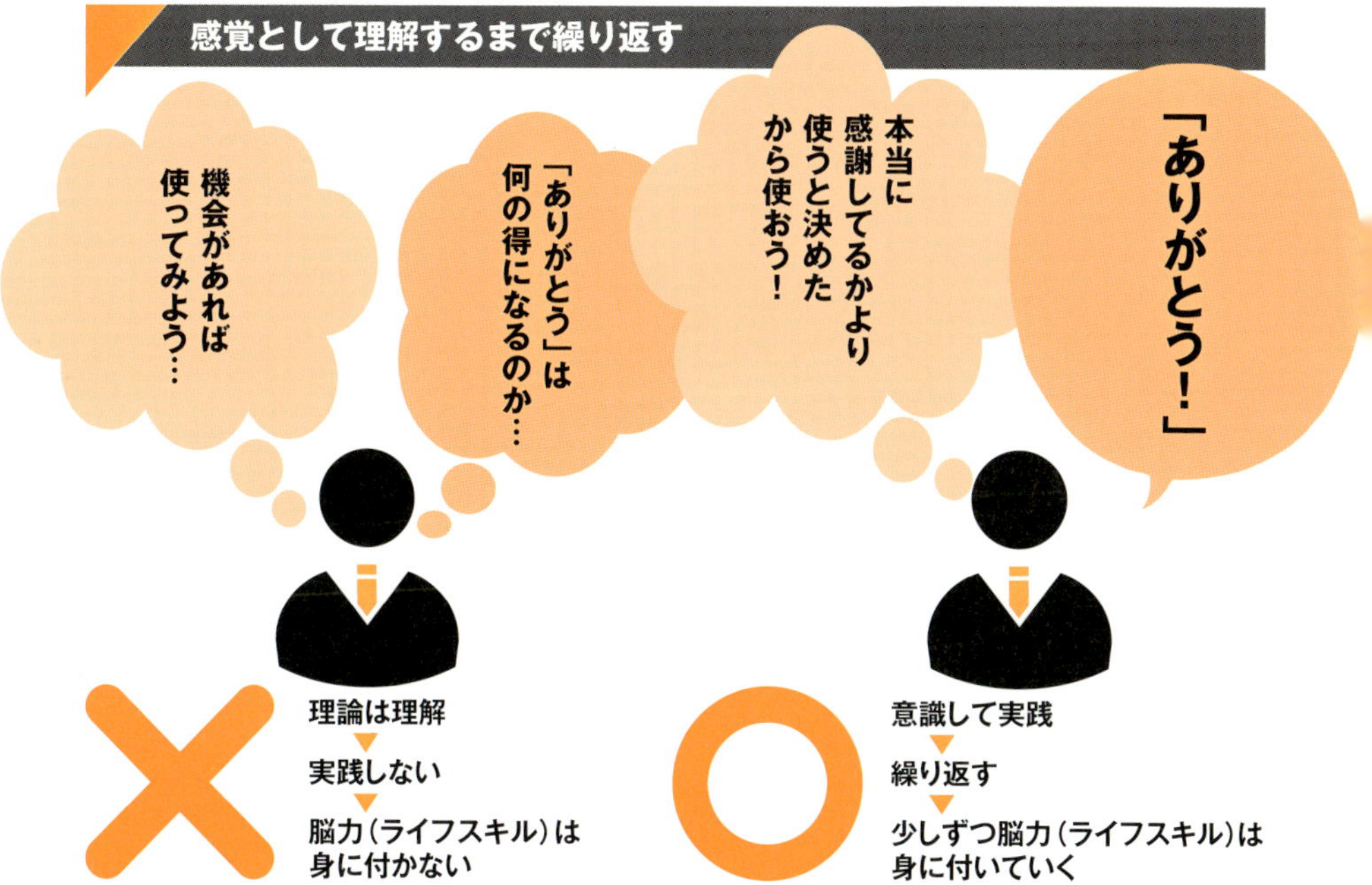
「ありがとう」は何の得になるのか…
機会があれば使ってみよう…
「ありがとう！」
本当に感謝してるかより使うと決めたから使おう！
理論は理解
実践しない
脳力（ライフスキル）は身に付かない
意識して実践
繰り返す
少しずつ脳力（ライフスキル）は身に付いていく

脳のスキル化②

意識から下意識へ

フローのキープ率を高めるために、知識として得た手法を最終的には下意識化、スキル化させる。意識してフローをキープしようとするのと違い、ストレスに傾こうとする心を察知して、勝手に脳のシステムが作用する。これは無意識にできるということで、意識して行うことより効率もよいし精度も高い。結果的にフローのキープ率が高まることになる。

意識してやることは、はじめは浅く広くでいい。その中で、とくに体験がともなって、自分にとって価値のあるもの、身に付けていきたいと感じたものをさらに頻度アップしていく。

たとえば、ご飯を食べているときも、仕事中も、遊んでいるときも、「これをやっていれば自分はフローになれる」というものをたとえ1つでもよいから見つけ出して、意識してやり続ける。下意識化されるまでやり続けることが重要なのだ。そこにフローの小さな体験でもともなえば、より下意識化への道は進み脳力になっていく。

フローをつくり出すための個別の方法論まで一足飛びにいかなくてよい。まずは、いつでもどこでも使える、スタンダードで、それさえ念仏のように唱えていれば自分は気分よくなれるというフローキーワードをいくつか見つけて、いつでも、どこでもそのキーワードを使う、ということでもよい。たとえば、最高のポジティブ・ワードである「ありがとう」でももちろんいい。これを「いつでも・どこでも化」と私は呼んでいる。

何度も繰り返し唱え、イメージを心の中でつくると、そのうちに意識しなくても勝手に心の中でその言葉なりイメージなりが出てくるようになる。するとフローのキープ率が高まるから、ほかのライフスキルも身に付きやすくなる。

「感謝」の意識を下意識化する例

「ありがとう」「ありがとう」
「ありがとう」「ありがとう」
「ありがとう」「ありがとう」
……
何度も繰り返し唱える
ありがとう
実際に声に出して使う
フローキーワードを持つ
それさえ唱えていれば機嫌よくなる言葉
「大丈夫」「素晴らしい！」「GREAT!」
「一歩一歩」etc.
感謝の思考を選択する
◆ケース1 難しい仕事が与えられた
何でオレだけこんな目に……
ただ ありがとう！と考えてやるべき事をやる！
◆ケース2 同僚から嫌味を言われた
お前はお気楽でいいなぁ
あいつに言われる筋合いはない
ただ ありがとう！と考えて自分を信じよう！

✦「体験」はスキル習得の強い味方

脳科学の面から言うと、能力を形成していくためには、知識、言葉、体験の3つの要素が必要だという。知識を得て、その知識を言葉化し、実際の意識が体験・体感を感じることで能力が形成される。ここまでは一般的なスキル化の理屈となんら変わりはないが、1つ示唆的な見方を提示してくれたのが『感動する脳』（茂木健一郎著・PHP研究所刊）で紹介されている「体験をともなうことで、能力開発が強化される」という説だ。

これはすでに前項で説明したが、知識化されたことを意識するために言葉化する作業をすると、意識がさらに強化されていく。このとき、たとえば「ありがとう」という言葉を使うときに心の底から感謝の気持ちがなくてもよいということも先に説明した。ただ繰り返すことで、やがては感謝の心が芽生え、意識しなくても、いつでも感謝できる心がキープされるのだ。

ただここで1つ、弱点があるのは、「感謝する気持ちがなくても、ただ『ありがとう』と言えばよい」という理屈はわかっても、やり続けられるか、ということである。効果のなさそうなもの、役立っている実感がないものに対して、人は価値を見出さない。「ありがとう」と何度唱えても、何の反応も、よいこともないとしたら、果たして続けていけるだろうか。

ここで強い味方になるのが「体験」だ。心の中で「感謝、感謝」と唱え、常に「ありがとう」と言い続けていたら、気分がよくフローに傾いた、自分の中の感覚としてフローっぽい心が芽生えてきた。「ああ、こういうことか」と納得したら、「もっとやってみよう」という意識が強化されるはずである。そういう意味で、何らかの反応があるまで、あるいは、感覚として1つのものをつかめるまで、とりあえずやってみる。もしくは、すぐに反応がわかりそうなもの、体感が得られやすいものからとりかかるのが有効かもしれない。

脳科学における能力形成の３つの要素

知識　言葉　意識

脳力は、知識を得て、その知識を言葉にし、実際に意識することで形成される。

体験は意識を強化するための強い味方

本当にこんなこと続けて
フローになるの？

人は実感のないものに価値を見出せない

そんなときには……

「体験」することが大切！

ありがとう

を考え続けた結果

まず機嫌のよい体感

＝

最大の体験

そして、よい体験ができたらプラスα

人間関係改善　業績上昇　給与やボーナスUP！

「もっとやってみよう！」という意識が強化される

フローとEQ

通常私たちが、学校や社会で要求されている脳の力は、計算力や記憶力などの分析的な能力である。これをつかさどっている脳の部位が、側頭葉である。側頭葉こそが、他の動物と比べてもっとも驚異的な発達を遂げているのだろう、と考えるのが自然である。ただ、人間の脳が他の動物と比べて大きく発達している部位は側頭葉のほかにも前頭葉が挙げられる。

その前頭葉が関連しているのが、心の状態、その1つが感情だ。人間と他の動物との違いはIQだと考えた人類は、側頭葉を鍛えることには熱心だったが、心の存在が置き去りにされていた。ところが実は、心の状態をつかさどる前頭葉こそ、人類がもっとも発達させた部位なのである。

さらに、側頭葉で行っている計算や分析をする能力を訓練によって鍛えられるように、前頭葉もトレーナビリティがかなりあることがわかってきている。たとえば、脳科学者の研究によれば、人間は40歳を過ぎると前頭葉の萎縮が始まり、これによって感情まで老け込んだようになってしまうという。そこで、前頭葉を刺激する訓練をすると、脳の萎縮は止まらなくても感情の老化を防ぎ、かつ、年をとっても脳の機能的な進化を続けることが可能なのだという。

このことを理論的に解明しているのがEQだ。EQには、3つの知性、8つの能力、24の素養があると言われ、フロー理論との共通項は多い。EQにおける自己認識力は、自分を自分で把握できる力であり、心の状態をわかって言葉化できる力であるというのは、フロー理論で言うところの自己把握力である。

脳力のトレーニングによって、心がフローになるということは、EQが高まればフローになることとニアリーイコールであり、フローのトレーニングはEQを高めることにもつながっているのである。

EQとIQ

前頭葉が関連

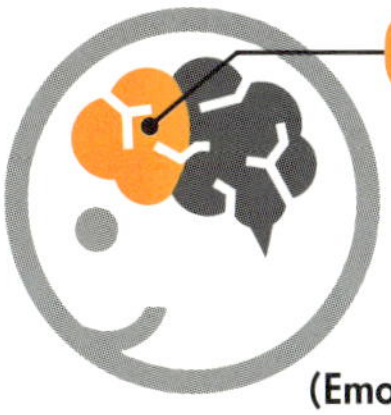

EQ
(Emotional Intelligence Quotient)
=心の知能指数

側頭葉が関連

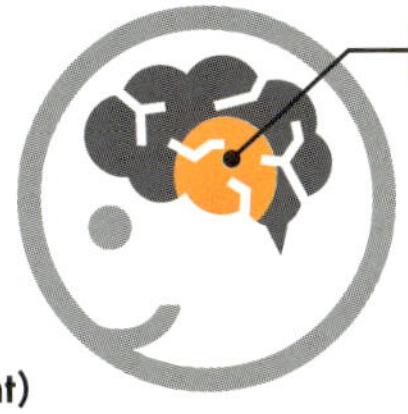

IQ
(Intelligence Quotient)
=知能指数

EQが高まる≒フロー

↓

つまり……

フローのトレーニングは
EQのUPにもつながる

EQの３つの知性と８つの能力、24の素養

非認知的能力

＝

EQ

1 心内知性

1 自己認識力
2 ストレス共生
3 気力創出力

素養には、❶（私的自己意識・社会的自己意識・抑鬱性・特定不安）、❷（自己コントロール・ストレス対処・精神安定性）、❸（セルフ・エフィカシー・達成動機・気力充実度・楽観性）がある。

2 対人関係知性

4 自己表現力
5 アサーション
6 対人関係力

素養には、❹（情緒的表現性・ノンバーバル・スキル）、❺（自主独立性・柔軟性・自己主張性）、❻（対人問題解決力・人間関係度）がある。

3 状況判断知性

7 対人受容力
8 共感力

素養には、❼（オープンネス・情緒的感受性・状況モニタリング）、❽（感情的温かさ・感情的被影響性・共感的理解）がある。

株式会社ジャパネットホールディングスでの取り組み

創業者である前社長の髙田明氏はフローの存在と価値をよくご存知で、経営に生かして成功を収めた経営者の一人である。百年続く会社に必要なことの1つは、フローの組織であると考えられ、私も全社員のメンタルトレーニングで長崎へ出向き、お手伝いをさせていただいた。髙田前社長は社員に対して目標達成という数字以上に「一生にわたって学習していくという価値の存在こそが働くということの真の意味なんだ。それに気づけない人は、働くことがしんどくなる。私は社員に対してしんどいことを強いているのではない。どうかこの価値に気づいてほしい」と語られていた。これはまさにフローへと導く言葉である。

企業のトップがこのような言葉を発していけば、結果にコミットするようなことは何も言わなくても、社員たちは自らの人生の目標を達成するために、はりきって働くのだ。結果として、売上はどんどん伸びていく。

2015年の髙田旭人社長就任後も、新たな形で社員教育の取り組みに参加させていただいている。定期的なリーダー向けトレーニングと全社員向けの講演会を実施。「フローで働く」ことの価値をみなに浸透している。これは先代社長から現社長に代わってからも継続して続けられている。すなわち、働くこと、生きることへの質に高いこだわりと取り組みが実際に存在していることの証だ。働く人とお客様を心から大切にしている企業といって間違いない。

第3章

フローに生きるための思考法

トレーニングの前に①

自分の感情を把握する

フローにまず必要なことは、自己把握するセンスを持つこと、つまり気づきのセンスである。これから紹介する方法を駆使する前段階として、いま自分の心がフローなのかストレスなのか、機嫌のよい状態なのかをまず自ら知る。そして、最適な判断や行動を選択しなければならない。そして、それらを使ってフローをもたらしたら、心が本当にフローになっているかを感じ取る必要がある。

最終的には無意識にこのプロセスができるようになれば、フローは意識しなくてもやってくる。意識しているうちは本物のフローではないからだ。そのためのトレーニングプロセスと思ってやってほしい。もちろん、最初からなかなか感覚がつかめるものではない。心の状態を直接判断するのはとても難しいのだ。そこで、フロー状態とリンクしている感情に注目する。感情は、自分で気づきやすいし、マネジメントすることもある程度可能だ。フローな状態は1つではなく、極めてパターンが多いので、それに対応する感情のパターンもたくさん知って持っていなければならない。

そこで、どのような感情があるかを、まず整理する。

具体的なやり方としては、チェックシートを2枚用意し、1枚に「いい心の状態」を表す感情を、もう1枚に「悪い心の状態」を表す感情を、言葉にしてそれぞれ50ずつ列挙する。このとき、「おいしい」「きれい」などの形容詞は感情を表す言葉ではないので除外する。50までいかなくて、途中で行き詰まっても心配することはない。自分の感情に鈍感になっていることに気づくことも、自己把握の一歩だ。言葉が出てこなくて行き詰まったら、そのまま放っておいてかまわない。そのうちに、何気ない拍子に「あっ」と気づくこともあるだろう。そうして言葉が出てきたときに、改めて書き加えればいい。

トレーニングの前の注意

本章で解説する方法はトレーニングのすべてではない。詳細な方法論を紹介するのは別の機会に譲り、ここでは、トレーニングの考え方、さわりの部分にとどめている。本書で書かれた方法を正しく繰り返すことは、自らフロー状態をつくり出すヒントになる。ぜひ、日々の活動の中で参考にしていただいて、実践してほしい。そして機会があったら、しっかりしたメンタルのコーチやコンサルタントの下で、フローの訓練を受けることをお勧めする。

感情のリストアップをする 50個

とにかく50個リストアップ。リストアップしたものをFlowとNo Flowにマーキングする！

トレーニングの前に②

「フロー・ステイタスシート」の活用①

感情を表す言葉を列挙したら、自分の心の状態がどうだったか、そのときの感情を振り返って確認する習慣を付ける段階に進む。

最初は1日単位からでもかまわない。「昨日1日、自分の心はフローだったか」と思い返してみる。1日ではスパンが長く、漠然とした表現になるはずだ。まずはそれでいい。慣れてきたら、次に、3時間ごとに区切ってみる。朝の7時〜10時ぐらいは、だいたい起床から仕事始めにあたる時間だろう。10時から13時、13時から16時といった時間はもっとも活動的な時間、16時以降は残業しているか飲みに行っている時間帯といったように、ある程度、区切りが見えてくる。その時間に、「どんな感情を持ったか」と思い出してみると、何かのきっかけで感情が動いていることに気づくようになる。

これを、できる人は頭の中だけでやってもいいが、私が研修で使っている補助ツール「フロー・ステイタスシート」のような紙を使う方法もある。縦の線は、その日、起きてから寝るまでの約16時間を15分ごとに刻んだものである。本来は寝ている間にもフローはあるのだが、そこまで把握は難しいので、起きている時間を対象にする。

昨日の1日を振り返り、15分間ごとに、その間自分の心はフローだったかストレスだったかを自己採点し、縦ラインの間にマーカーでポイントを打っていく。その際、フローとストレスの中間をイーブン状態とし、どれぐらいのフロー度合い、ストレス度合いだったかによって、ポイントを打つ位置を1日の中でぶれがないように調整する。フルフローであれば、縦ラインの先端部分、ややフローであれば、イーブンよりちょっと上といった具合である。フローとはすなわち、「揺らがず・とらわれず」の心の状態だ。

フロー・ステイタスシート

自分の心の感性を15分ごとにチェックする

トレーニングの前に③

「フロー・ステイタスシート」の活用②

「フロー・ステイタスシート」に記入する際、注意してほしいのは、ポイントとポイントを決して線で結んではいけない。15分前のフローと、いまのフローは違うものであり、連続していないからだ。感情が連続しているイメージを持ってしまうと、経験によってつくられた過去の感情を引きずってしまう。常にリセットをしていくイメージが大切だ。

1日分を振り返ってポイントを打ったら、改めてシートを眺めてみる。ここで、山や谷になっている部分に、その時点でどのような感情を持ったかを書く。さらに、そのときに何があったのか、状況を書く。状況によって、ストレスとフローが切り替わっている様子がわかるはずだ。いままで、いかに状況に心を委ね、状況を主体としてしまっていた自分に気づくことが第一歩なのである。この時点では、「ああ、状況によって心が動いてしまっている」と確認できればよい。

最後に、マークした部分より下の部分を15分ごとに、そのときのフローのイメージに合う色を塗る。ストレス側も同様に、マークより上の部分に、そのときのストレスの状態に合った色を塗る。どういう心の状態のときに何色というのは決まっていない。自分の感覚でいい。そうして、自分の感覚によって感情を色でとらえることで、心の動きをイメージとして認識する訓練になる。いろいろなフロー状態があるのだということを知ることもこのトレーニングの目的の1つだ。状況に応じてマークの位置が変わるのではなく色を変えてフローをキープするのである。

これを繰り返すと、心の状態を感覚で常時把握できるようになる。すると、1日たってから振り返るのではなく、15分ごとに、「いまの15分はどうだったか」と振り返り、そこでリセットして、よい心の状態をその都度取り戻す習慣を身に付けられるのだ。

フロー・ステイタスシートの作成STEP

STEP 1　15分ごとに自己採点しポインティング

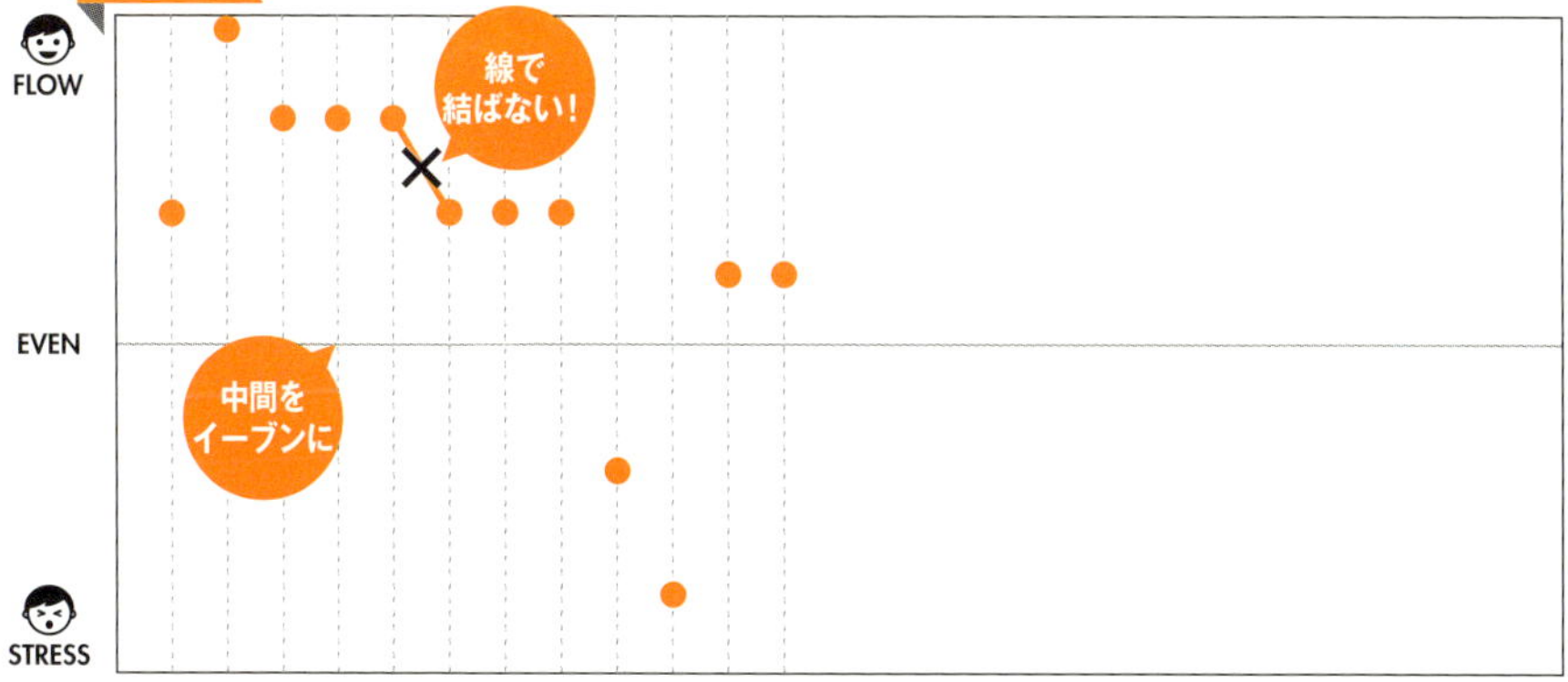

STEP 2　ポインティング部分の感情とそれを引き起こした状況を記入

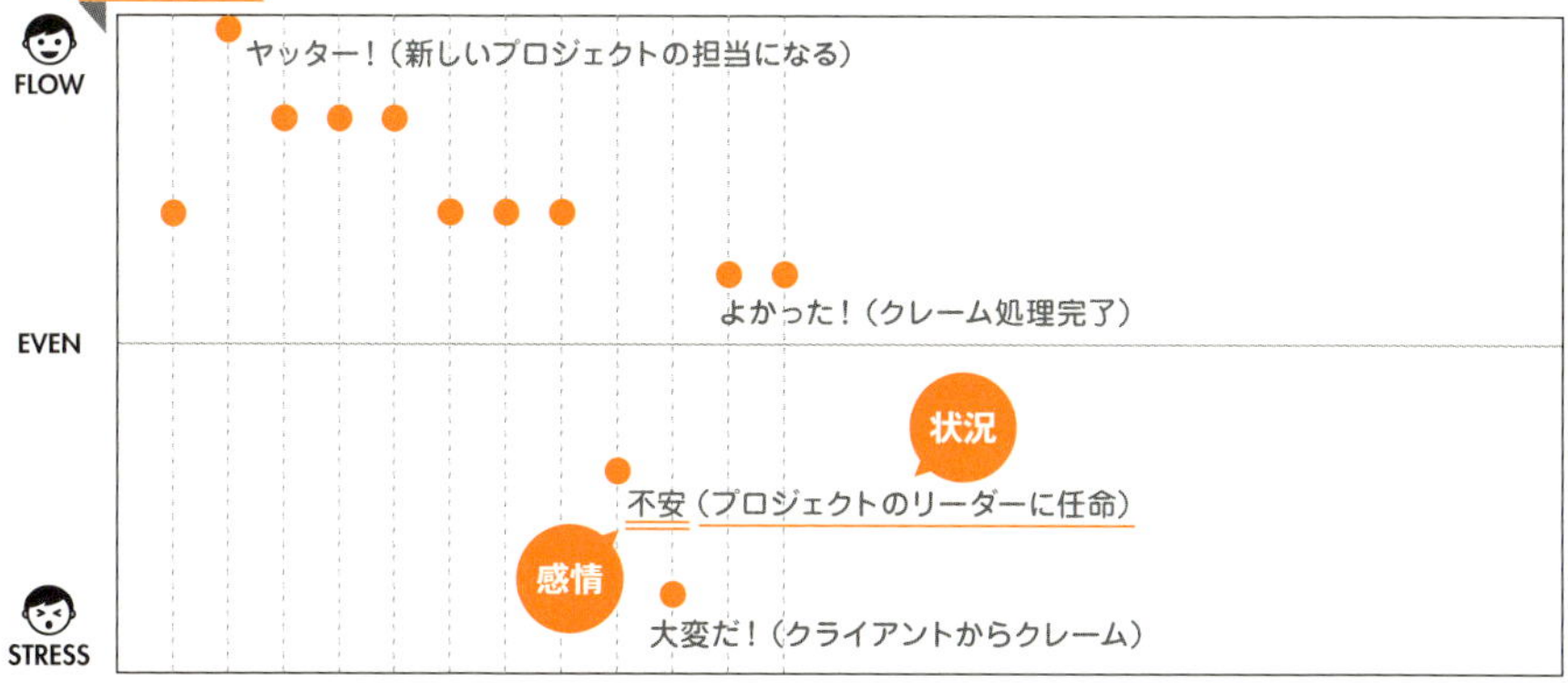

STEP 3　マーカーを塗り感情を色で認識する

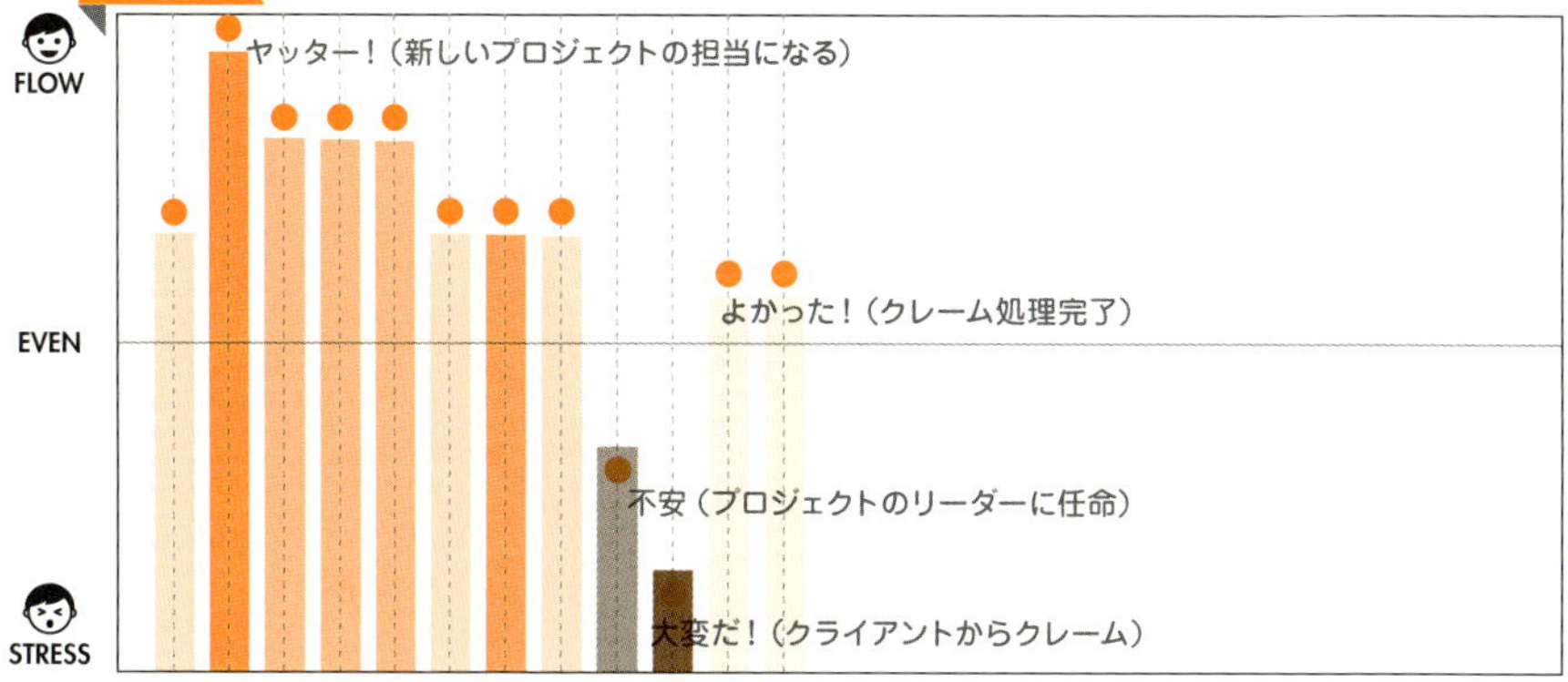

社会力を獲得する7つのポイント

ここまで、心の状態をフロー化する脳のスキルをライフスキルと述べた。この脳力（ライフスキル）には大きく「社会力」「コーチ力」「リーダー力」の3つがある。コーチ力とリーダー力については、後章に譲り、本章では社会力について解説していく。

社会力とは、社会の中で自分の持っている力を余すところなく発揮し、自分らしくフローで生きるための能力である。フロー力としないのは、フローは心の状態であって力ではないからだ。フローな心の状態をつくることによって、本来持っているパフォーマンスがいかんなく発揮されるのであり、その状態を導くためのスキルが脳力である。つまり、フローマネジメントのできるFlower（フローな人）の持つ脳力を社会力と呼ぶ。

社会力と名付けたのは、自分の力を発揮する場が常に他人とかかわる場所、すなわち「社会」だからである。ビジネスマンにとっては仕事力と言ってもよい。具体的には、社会力を獲得するためのポイントとして、左の7つがある。

これらの特徴は、すべて、「そう考えることにしよう」、あるいは、「そうすることに決めた」と自分が思えばできる、という前提があることだ。「楽しい」という感情はフローだが、「楽しい」という心の状態をつくるのはすぐには難しい。ただし、「楽しもうと考える」ことはできる。ここが非常に大事なポイントである。フローを直接つくることはできないが、「楽しもうと考える」ことで結果的にフロー状態がもたらされる。

そして、この7つのポイントで脳力＝ライフスキルを鍛えることによって、いつでもどこでも、どのような状況下でもフローをもたらす社会力を身に付けることが可能となる。

脳力＝ライフスキルには３つある

社会力	[自分 → 自分] のフロー化
コーチ力	[自分 → 周り] のフロー化
リーダー力	[自分 → 組織] のフロー化

社会力を鍛えるための７つのポイント

❶ 自分で決めると決める

❷ 自分ツールを最大限利用する

❸ フローの思考習慣を持つ

❹ フォワードの法則にしたがう

❺ イメージを大切にする

❻ チャレンジの習慣を持つ

↓

すべて自分の思考、すなわち意識！

「社会力」①

「自分で決めると決める」

まず、「自分によって自分の心を決めることができる」という前提を認識することが大事である。自分の意志の力は、自分でマネジメントできるのだということに焦点をおいてほしい。幸・不幸を決めるのは状況ではない。自分の意志を大事にするという考えを改めて見直してほしいのだ。

意志の力を、英語では「WILL」と言う。この「WILL」を実践している一人が、私の尊敬するパッチ・アダムス氏である。彼はアメリカで活躍する現役の医師で社会活動家でもある。金儲け優先の医療の現状に疑問を抱き、自ら信じる医療を実践するため、人にやさしい医療を無料で提供する〝お元気で病院〟(ケズントハイト・インスティテュート)という施設を自力で開設するとともに、診療活動のかたわら、世界の孤児や患者を慰問する活動を続けている。彼のテーマは「ハッピー」だが、私の考えている「フロー」と共通している部分が多い。いわく、「僕は18歳のとき、自分はいつでもハッピーでいようと決めたんだ。だから僕はそれ以来ずっとハッピーなんだ」と。

世の中にはたくさんの不快なことがある。不快なことに、いちいち心をかき乱されていたら心がくじけてしまう。そこで、耐えられなくなると、人は「逃げる」、「諦める」、「考えない」、「忘れようとする」などの思考をとる。目の前に不快なことがあるとこのような思考をとりたくなってしまうのはわかるが、一時的に逃れて脇道にそれても、そこにもまた必ず不快なことはある。生きている限りは基本的に不快なことから逃げ切れないのだ。

そう考えると「快をつくる」という発想でしか、フローには生きられない。世の中から不快なことをなくそうということではなく、どんな不快なことがあっても自分は快で生きるという「意志を選択する」のだ。

不快なことがあったときに取りがちな思考

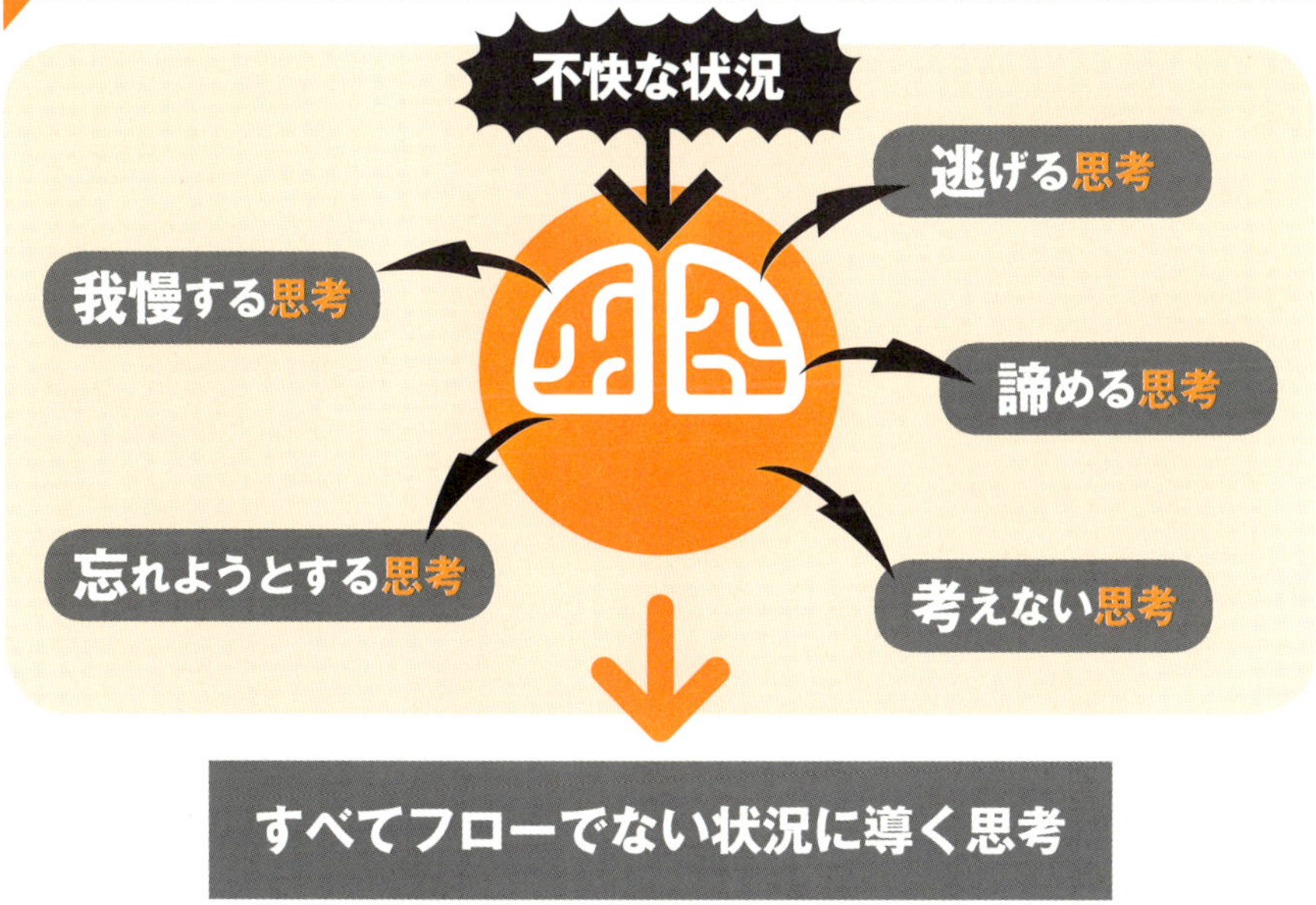

「快をつくる」という発想

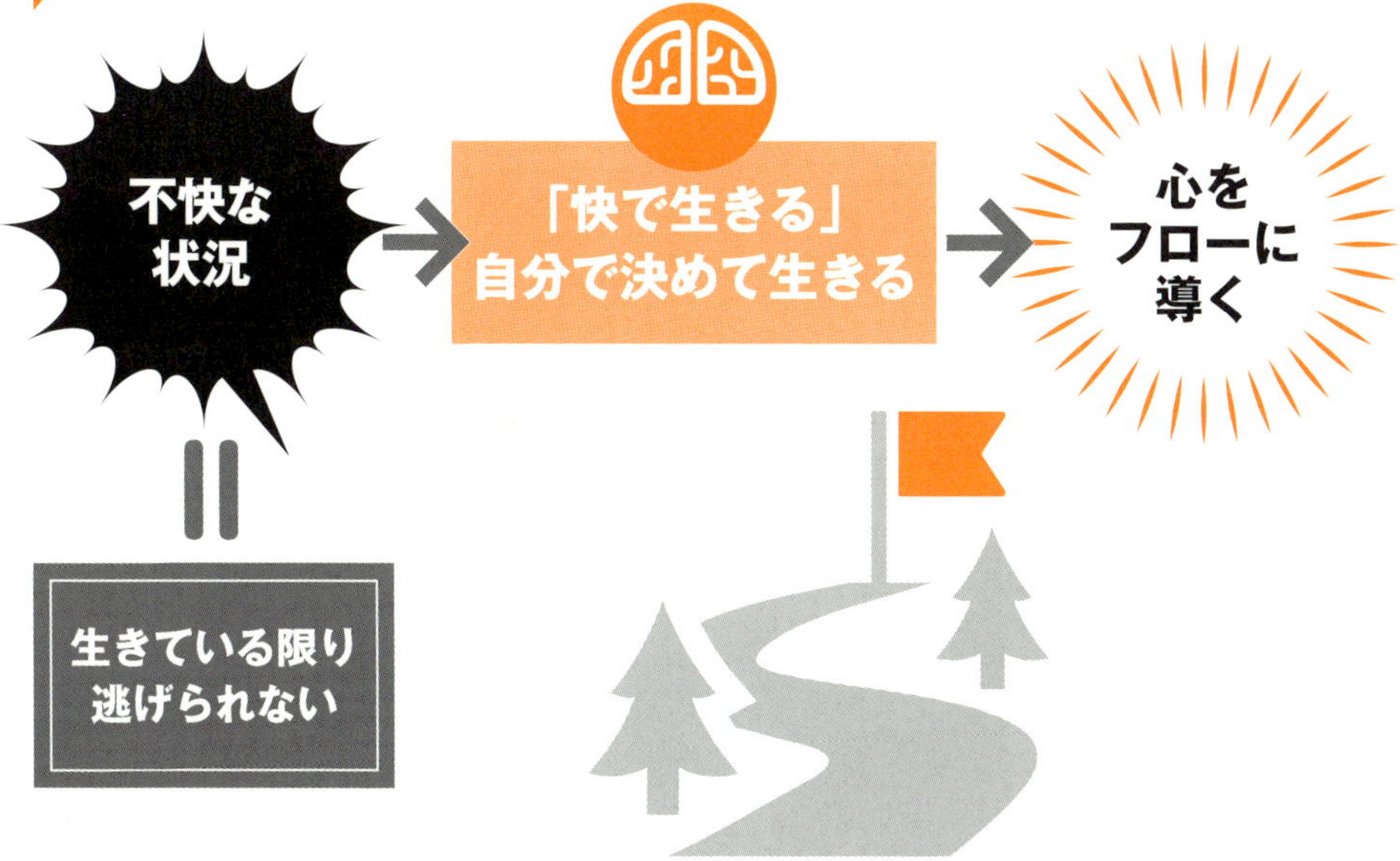

「社会力」② 自分ツールを最大限利用する1

「自分ツール」が心をつくる

実は、よい感情を導き出すツールを私たちはすでに持っている。それは、思考、表情、態度、言葉の4つだ。これを私は「自分ツール」と呼んでおり、自分ツールを駆使することで、心をよい状態に導くことができる。といっても、ピンとこないかもしれない。というのも、通常、ほとんどの人は、自分ツールを使いこなしてはいないからだ。多くの場合、自分ツールが、起こった状況に対する反応物になってしまっている。

たとえば、苦手な人が自分の陰口を叩いていたことを知ったとする。すると、「今度やり返してやる」という悪い考えが芽生える。表情はしかめっ面、舌打ちするなど不快なことを態度で表す。「あのヤロー」などという汚い言葉を使う。そうして、心はどんどん悪い状態になり、ストレスが増大する。

確かに、相手はあなたの悪口を言った。しかし、あなたの思考や表情、態度や言葉を直接操作したわけではない。悪口に反応してしまったのは自分であり、ただ悪い思考、表情、態度、言葉で表し、さらに自分の心を悪くしている。自分ツール次第で、自分の心は決められると考えることだ。そして繰り返しによって脳が学習し、いつでも、何が起こっても自動的に「よい反応」をするようになり、よい心の状態すなわちフロー状態がつくられていくわけだ。

自分ツールは、すべて自分で完全にコントロールできるものだ。普段は、状況に委ねてしまっているかもしれないが、自分で意識すれば、すぐにでも使いこなすことができる。どんなことが起こってもよい表情でいよう、よい態度でいよう、よい言葉を使おう、よい思考を選択しよう、と決めて、実行することだ。

4つの自分ツール

思考
表情
態度
言葉

心をフローへ導くツール

脳力（ライフスキル）でフローを導く

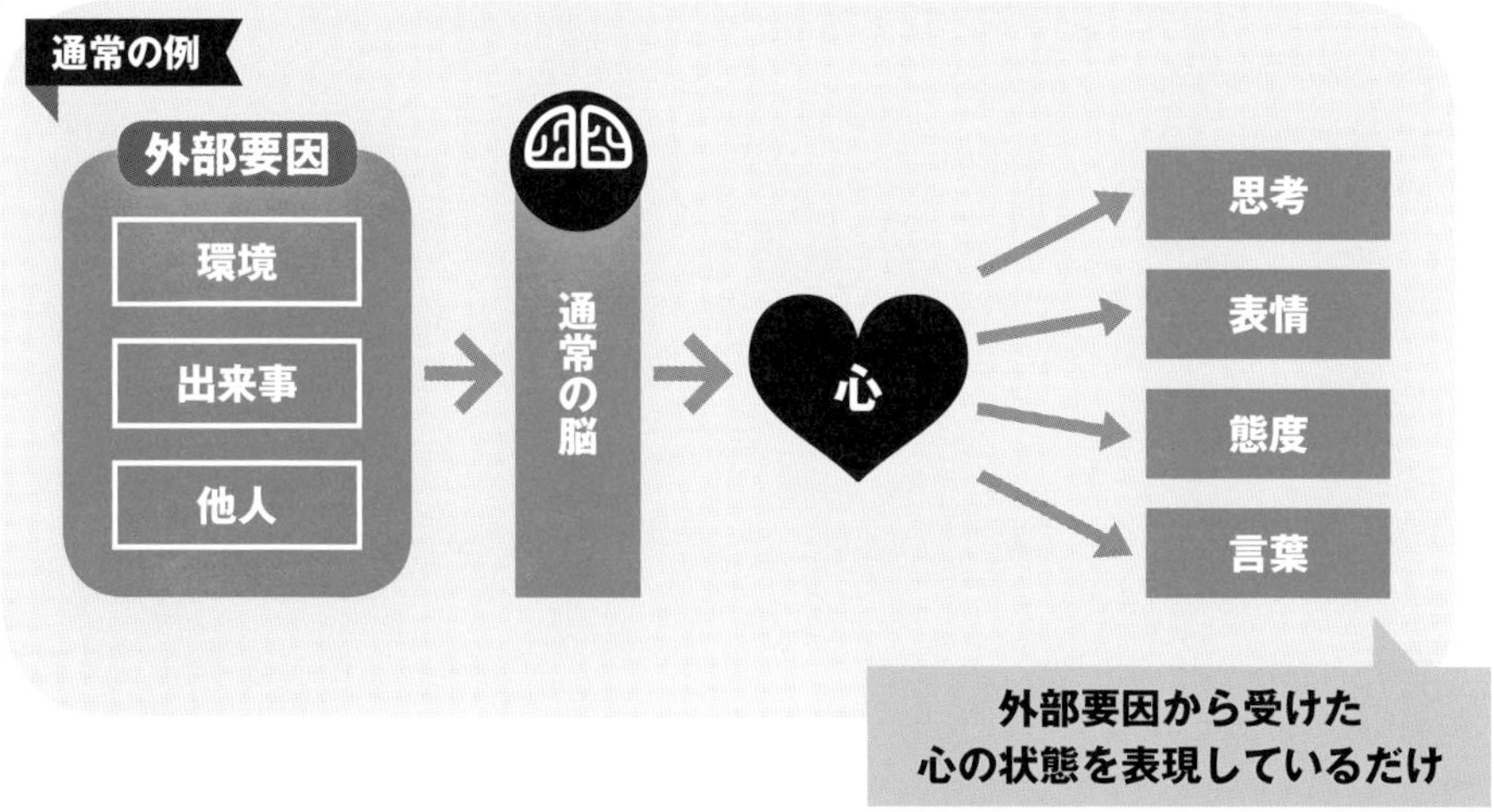
通常の例
外部要因
環境
出来事
他人
通常の脳
心
思考
表情
態度
言葉
外部要因から受けた
心の状態を表現しているだけ

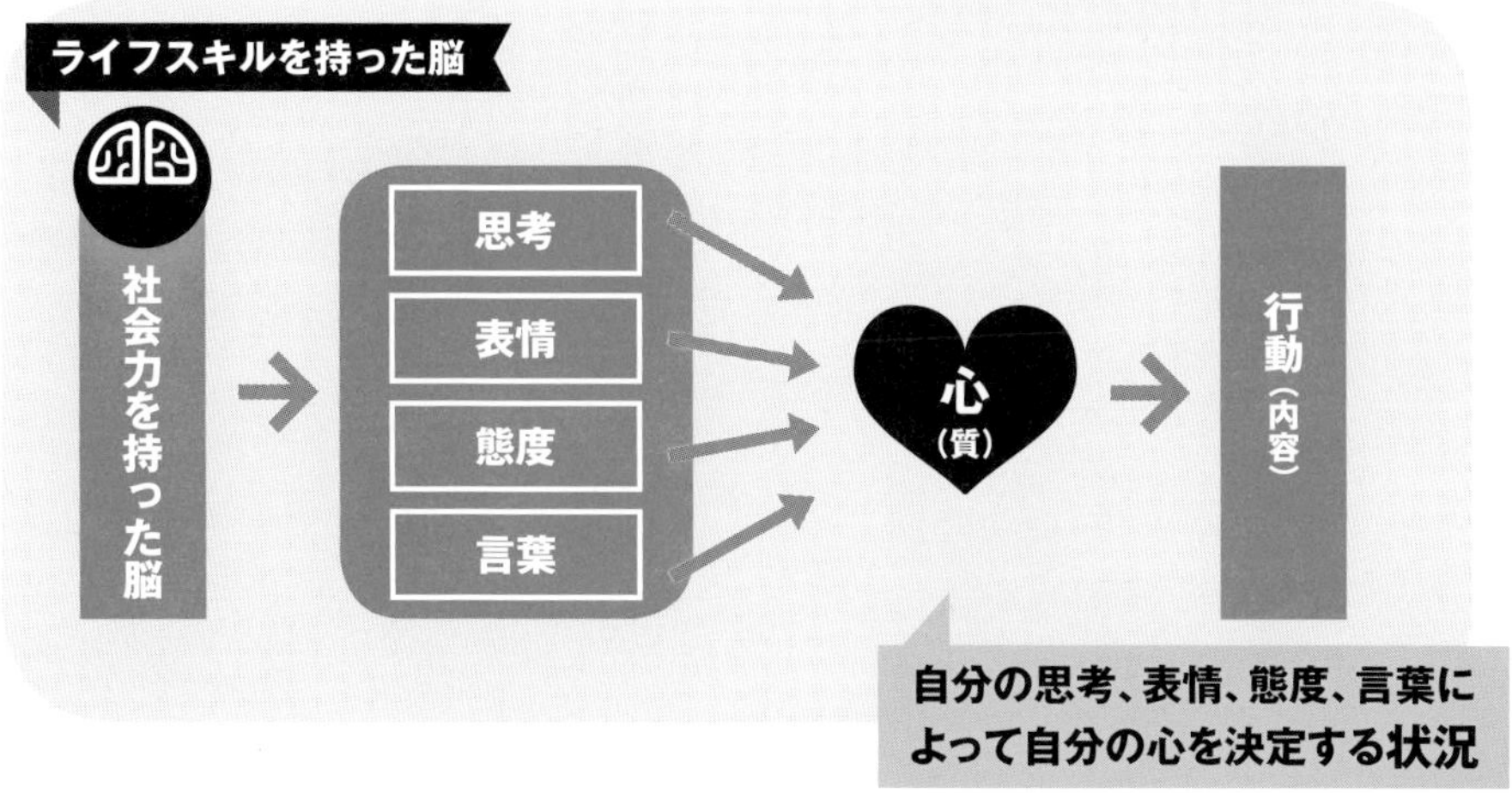
ライフスキルを持った脳
社会力を持った脳
思考
表情
態度
言葉
心
（質）
行動
（内容）
自分の思考、表情、態度、言葉に
よって自分の心を決定する状況

「社会力」②　自分ツールを最大限利用する２

「自分ツール」を選んで使いこなす

自分ツールのよいところは、「誰でも持っている」ということにある。

フローになるためのツールは、特殊なすぐれた人間だけが持っているわけではなく、誰でも持っているのである。

フローを体得し、結果を出している Flower たちは、初めからフロー体質なのではなく、４つの自分ツールを駆使してフローな心を保つように努力しているのだ。

自分ツールのよいところは、他にもある。それは、「いつでも持っている」ことだ。

思考も、表情も、態度も、言葉も、「いまは使えない」ということはない。24時間、四六時中いつでも自分の意志次第で使うことができる。

いついかなるときも、状況の変化に合わせて、よい心の状態になるために、いまどのような思考を持つべきか、いまどのような表情をすべきか、いまどのような態度をとるべきか、いまどのような言葉を使うべきか、考え、選択していくことが可能である。

４つの中で私が特に重要と考えているのが言葉だ。「口に入れる食べ物で身体ができるように、耳に入れる言葉で心ができる」。これと同じように、何も考えないで、ただそのときの状況に反応して浮かんだ言葉をそのまま発していれば、心はその言葉の通りになる。他人の言葉にも影響を受けるし、まして自分の言葉であれば疑う余地はないから、口から発せられた瞬間に、たとえ冗談でも極めて大きな影響を自分自身の心に与えてしまうのだ。

思考、表情、態度、言葉の１つ１つを、もっと考え選んで丁寧に使うように心がけてほしい。

まずはご機嫌になるフロー・ワードを日ごろから意識して使い続けることである。

自分ツールのよいところ

誰でも持っている

24
24時間いつでも使える

耳に入れる言葉で心はできる

言葉
心
POINT
フロー・ワード
であること

ご機嫌になるフロー・ワードをリストアップ

Ex. ありがとう、Happy、青空、ハワイ etc

FLOW

「社会力」③

「心のための思考習慣を持つ」

思考も自分ツールのうちの一つであるが、この選択は重要であるのに加えて、内容が複雑なのでここで改めて解説する。心理学の上では、すべての結果は、周りの状況ではなく、その人の思考・意識によって決められていることが、すでに解き明かされている。

これは、「REBT」として知られている概念である。周りの状況に対応して思考（Rational）を選択した結果、それに即した感情（Emotion）が起こり、さらに、その感情が行動（Behavior）を促し、行動によって結果がもたらされる。

通常この考えを心理学では治療に使うため Treatment のTとしているが、私は理論（Theory）の頭文字あるいはトレーニングのTと思っている。結果とは、自らのあずかり知らない神の手みたいなものによってもたらされるものではなく、何のことはない、自分の心がつくっているのである。

たとえば、新年度の初出社のとき、奮発して新調した一張羅を着て家を出た途端、前日に降った雨でできた水たまりの泥を車がはねて、大切な一張羅を汚された。それこそ、「サイテー」などと言ってしまうだろう。ところが、状況は同じでも、汚れたのがたまたま背中だけで、自分はそれに気づかなかったとしたらどうだろう。もちろん、誰かに指摘されたり、服を脱いだときには気づいて、やっぱり「サイテー」と言うだろうが、気づくまで気分は変わらない。つまり、感情を動かし、行動を左右した原因は泥はねではない。それを自分の思考や意志でどう解釈しているかだ。起こった状況を、スルーさせてしまい、ダイレクトに心で受け止めてしまっているから、「サイテー」になってしまう。

心の状態は思考が決定しているのに、実はそこに思考が介在していることに気づいていないのだ。

思考の選択が感情と行動を変える

R (Rational) 思考
E (Emotional) 感情
B (Behavior) 行動
T (Treatment) 治療

フロー理論では
Theory
(理論)
Training
(トレーニング)

POINT
感情は状態
ではなく
考えが作る

状況
↓
Aという思考
A´という感情
A´´という行動

A´という感情は
Aという考え(思考)から生まれる

A´´という行動は
A´という感情から生まれる

思考の選択で心の状態を変える

×
思考の選択をしない場合
→ 状況が変わらない限り
心の状態は変わらない!

POINT
思考の力で
心の状態は
変わる!

○
思考の選択をする場合

悪い状況

思考の選択

→ 認知的思考 → FLOWでない状態
→ ライフスキル的思考 → FLOWな状態

心の状態

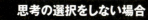

「社会力」③思考を選択する1

今に生きる思考

フローになるための重要な思考法は左の5つ。まずは今に生きる思考から解説する。

フローな心をもたらすために、特に大事なのが、過去よりも「今」を大事にし、未来よりも「今」に集中し、いますべきことを「今」する思考だ。

「今」の自分はいままでの「今」の連続によってつくられているから、「今」を高めることの連続によって未来の「今」がよりよくなっていく。こういう思考を選択することを、あえて意識しなければならないということは、放っておくと私たちは今を大事にしないということだ。なぜなら、今を生きるより、過去や未来を見ているほうが一瞬楽なのだ。「今」と考えているうちに「今」は過ぎていくから、ずっと「今、今」と意識していなければならない。これは慣れるまでは難しい。ついつい動かない過去のことを思い浮かべる。でも過去は変えられないから、とらわれ、後悔が生まれ、フローからどんどん遠ざかる。

一方、未来に思考が飛ぶ理由は、今目の前に辛いことがあるから目を背けたいときだ。過去を振り返っても後悔するばかりで不快だし、目の前の辛いことから逃れられないこともわかっている。けれど現実を直視するのは辛いから、何も書いていない未来を見るという思考が容易に起こる。未来に思考をとばせば未来はわからないので不安となり、フローは阻害される。

いつも思考の習慣を「今」に置き、過去や未来へ行かないのだ。今に生きるとは、今目の前にあるするべきことに注力する生き方である。すなわち、するべきことを考えそれに全力を尽くすことだ。まず、「今に生きる」と考えよう。今という瞬間にしか人は生きることができない。そのような生き方を自ら選択できる人こそ、社会力の持ち主と言えるのである。

郵便はがき

料金受取人払郵便

牛込局承認

7734

差出有効期間
平成30年 1 月
31日まで
切手はいりません

162-8790

東京都新宿区矢来町114番地
神楽坂高橋ビル5F

株式会社ビジネス社

愛読者係 行

ご住所 〒 TEL: ( ) FAX: ( )		
フリガナ お名前	年齢	性別 男・女
ご職業	メールアドレスまたはFAX メールまたはFAXによる新刊案内をご希望の方は、ご記入下さい。	
お買い上げ日・書店名 年 月 日	市区 町村	書店

ご購読ありがとうございました。今後の出版企画の参考に
致したいと存じますので、ぜひご意見をお聞かせください。

書籍名

お買い求めの動機

1　書店で見て　　2　新聞広告（紙名　　　　　　　　）

3　書評・新刊紹介（掲載紙名　　　　　　　　）

4　知人・同僚のすすめ　　5　上司、先生のすすめ　　6　その他

本書の装幀（カバー），デザインなどに関するご感想

1　洒落ていた　　2　めだっていた　　3　タイトルがよい

4　まあまあ　　5　よくない　　6　その他(　　　　　　　　)

本書の定価についてご意見をお聞かせください

1　高い　　2　安い　　3　手ごろ　　4　その他(　　　　　　　　)

本書についてご意見をお聞かせください

どんな出版をご希望ですか（著者、テーマなど）

フローになるための重要な５つの思考

1. 今に生きる思考
2. 好きを大事にする思考
3. 一生懸命を楽しむ思考
4. 変化を重んじる思考
5. 自分に素直な思考

今の積み重ねが大切！

過去
今 今 今 今 …
現在
今 今 今 …
未来
過去の「今」の連続
過去から現在の「今」の連続

過去や未来を考えてもフローにならならい

過去を思い浮かべる
過去は変えられないので「とらわれ」
フローから遠ざかる
今
未来
過去
今から目を背けたい！
未来に思考が飛ぶ
未来はわからないので「不安」
フローは阻害される

「社会力」③ 思考を選択する2

好きを大事にする思考

日本人は、だいたいにおいて、学校に通い始めることから、「好き」という感情は価値の低いものだと教えられる。幼児のころ、すべての価値基準は、好きか嫌いかであったはずだ。お母さんが好きだから一緒にいると幸せ。好きな食べ物が出てくるとうれしい。しかし学校に入るころになると、好きか嫌いかの価値は失われてくる。国語が好きだといっても評価されない。できるか、できないかである。次第に、好き嫌いを価値基準の外に置いてしまうように訓練されていく。

でもこれは大きな間違いである。好きだから意欲がわき、熱中する。無理やり勉強机に向かわせるより、勉強を好きにさせてしまうことのほうが効率的で成果も高い。だから、優秀な教育者は、教科に対する苦手意識を持っている子供にも、その教科の面白さ、楽しさに気づかせることを考える。好きになってしまえば、勝手に学ぶのである。仕事でも同じである。好きなことを考えること、好きなことをしゃべること、好きなことを見つけること、好きなことをすること、いろんな好きなことを大事にする方法を日常生活の中に持ち込む思考法が、日常を限りなく豊かにする。

あの人嫌い、この仕事嫌い、この環境嫌い、嫌い嫌い……。この人の周りには好きなものがないのではない。物の見方、すなわち思考の選択が悪いのだ。まわりへのとらわれとは関係なく心をフローに導くために好きなことを考える習慣である。

好きを大事にする思考法がフローをつくる。これは、嫌なことは放っておいて、好きなことだけやっているということではない。やるべきことはやらなければならないのだから、そこに好きになれる要素を見つけ、楽しみを演出することで、嫌々やるのではなく、好きなことに転換してしまうという思考なのである。

「好き」は心をフローにする

思考次第で「好き」の感情は生まれる

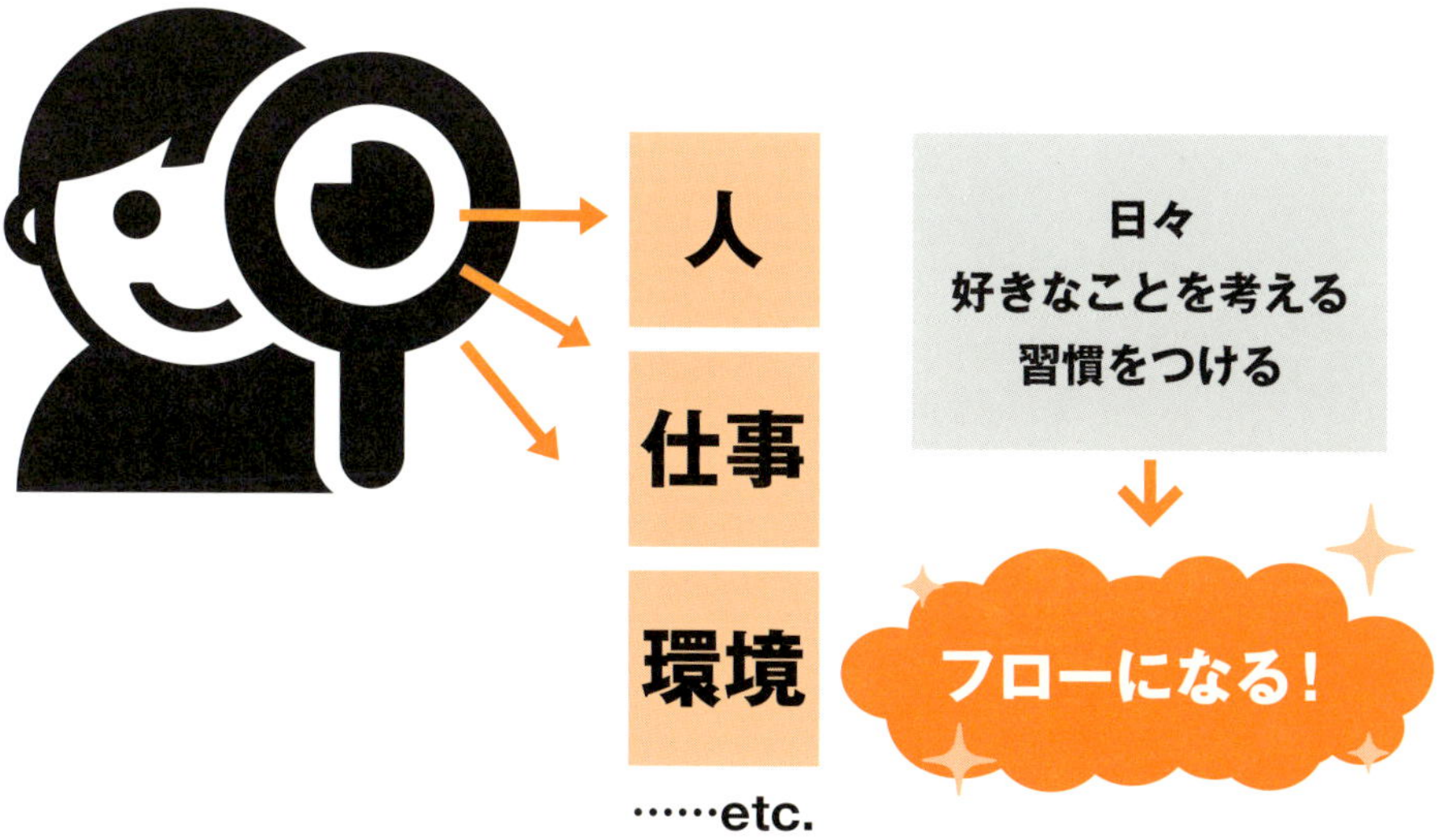

「社会力」③ 思考を選択する3

一生懸命を楽しむ思考

「結果へのとらわれが恐ろしい」ことは何度も説明してきた。しかし、ここで間違ってほしくないのは、結果に対する喜びを放棄しろと言っているわけではないという点だ。結果というのは、人間の本能として欲するものを得るということだから、結果が得られたときというのはもっとも興奮するものである。言ってみれば麻薬みたいなもので、その魅力に人間はどうしても抗しがたい。結果に対する欲求を刺激することが、モチベーションを上げるためにもっとも有効な方法であり、効率もよいのは確かである。

しかし、結果にとらわれるとフローではなくなり、パフォーマンスが落ちる。ここで結果と同等に喜びを得ることの1つとしてぜひ注目してほしいのが、「一生懸命にやる」という過程・プロセスを重視する考えだ。人間には「一生懸命にやることが楽しい」と感じる遺伝子がある。結果の喜びとはまた少し違うが、何かに夢中になって、熱心に取り組むことそのものに、喜びを覚える特性を人間は持っている。

スポーツの世界で「PLAY」の精神を大事にしているのはこのためである。「バスケットボールをしよう」を英語で言えば、Let's Play Basketball であり、そのまま〝バスケットボールを楽しもうぜ〟と同義だ。そして、それを一生懸命にやる。Play Hard だ。

一方、日本語では、単に「する」という動詞しか存在しない。play のような動詞はないのだ。だから、楽しむと一生懸命に「する」を共存できないのである。アメリカがスポーツ大国でいられる理由は、こういう発想にあると思う。フローの根底は Play Hard の思考にあり、Let's play job hard の精神がフローを生む。「一生懸命だけど楽しむ」の発想ではなく、「一生懸命だから楽しい」の発想である。

結果にとらわれず一生懸命に取り組む意志

フローな心はアウトプットの精度を上げる

Play Hard ＝ 一生懸命に楽しむ

“Let’s Play Job Hard”

仕事を一生懸命楽しむ

“Let’s Play Life Hard”

人生を一生懸命楽しむ

「社会力」③ 思考を選択する4

変化を重んじる思考

過程を大切にする思考の類型として重要なのが、変化を重んじる思考である。結果は、ゴールした後にしかやってこない。そのスパンが長く待ち遠しい。しかし、変化は、ある時点からある時点まで、どこで区切っても、必ずそこに存在する。

人間のやる気を引き出す根幹の動機付けには、内発的動機と外発的動機がある。外発的動機は、賞罰など外部から与えられる刺激による動機であり、ある目的を達成することが自分を動かす原動力になっている。だから、過程そのものは楽しくない。もう1つの内発的動機は、自らの関心や好奇心、意欲によってもたらされる動機であり、この場合、結果は重要ではなく、その根幹は、自分の変化、成長への喜びである。

変化に対する意欲、つまり向上心が人間のやる気の根幹にある本能であり、この本能を自ら刺激する思考を持つことで、やる気を持続し、パフォーマンスを向上させ、遠いゴールまで導くエネルギーになる。

オリンピックに出場して、メダルを獲るような人は、変化を大事にする思考が強い人だと思ってまず間違いない。彼らは、結果は変化の集大成であることをよく知っている。だから、メダルという結果にふさわしいプロセスを踏み、その過程で訪れる変化を目指し、さらにその変化を確認してわくわくしている。さらに、その楽しみを糧に成長を続けることができる。

結果ばかり求める人は、変化に目を向けない。「目標タイムに届かない」ことにとらわれている。実は少しずつタイムは伸びて、フォームは安定してきている。結果を実現するために必要な変化はすでに始まっている。しかし、その変化を見過ごしてしまうことで、内発的動機の芽を摘みフローにはなれない。結果を出しているスポーツ選手ほど、1つ1つの変化を詳細に語る。変化に注力しているからFlowerなのである。

やる気を引き出す動機付け

外発的動機付け

外部より与えられる刺激による動機

Ex. 賞罰、報酬、「○○をすると褒められるから」など

内発的動機付け

自分の内部から出てくる動機

Ex. 好奇心や意欲があるから行動する、「○○をすると楽しいから」など

外発的動機付け		内発的動機付け
気合と根性で耐える	プロセス	楽しい
最も重要	結果	後からついてくる

なぜなら 目標は結果だけだから

なぜなら 自分の変化成長が喜びだから

変化に注目するFlower

◆ 結果を残せないスポーツ選手

◆ 結果を残す スポーツ選手

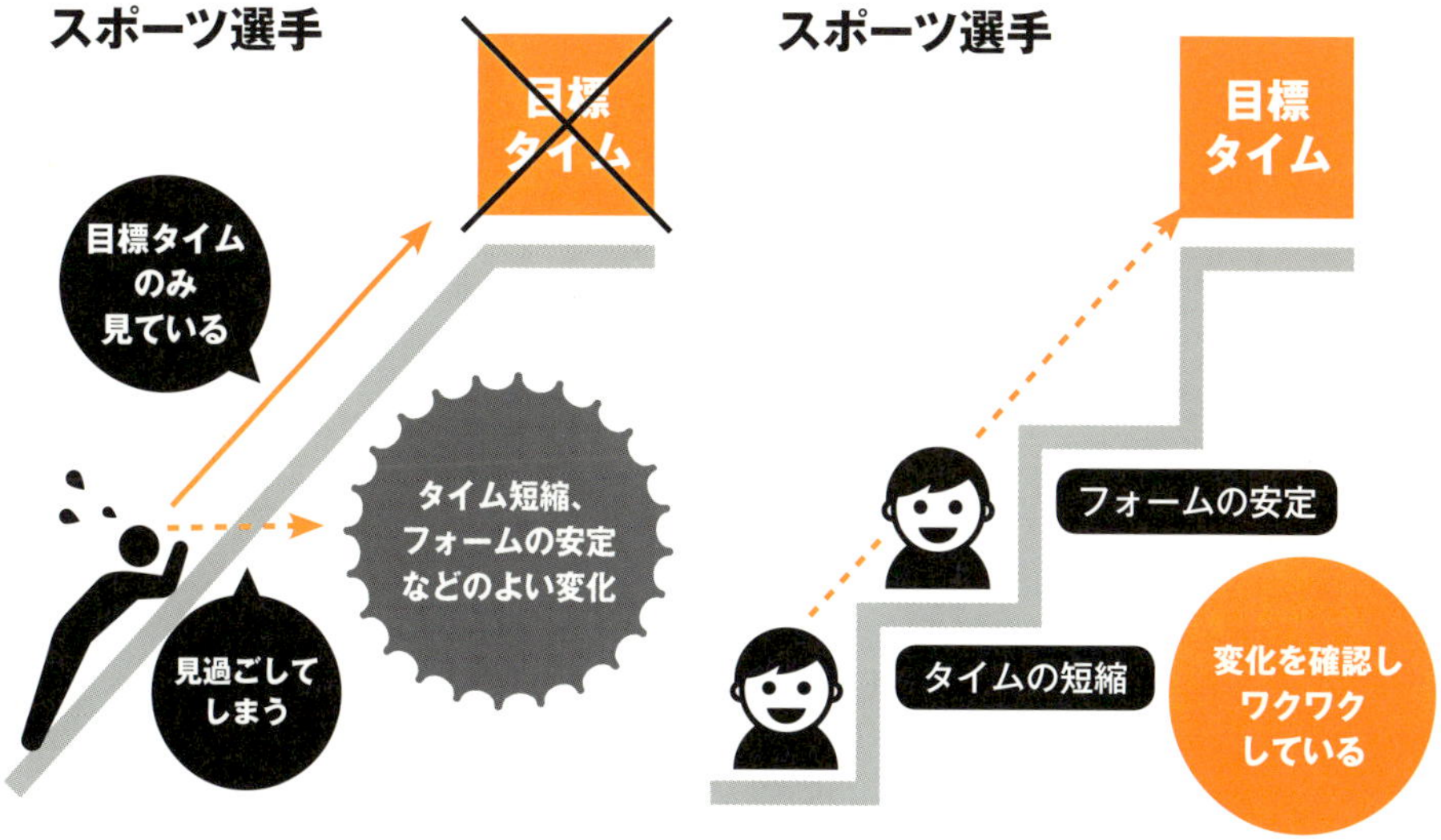

「社会力」③ 思考を選択する 5

自分に素直な思考

素直に生きることは、とても心地よいことであり、フローを導く大切なファクターである。なぜなら、自分に対して素直に生きることは、成長や結果につながる大切な生き方だからだ。このことは、逆に考えてみるとわかりやすい。すなわち、自分に素直ではない生き方を選択した場合にどうなるかだ。

好きでもない物や人たちに囲まれ、嫌な仕事を我慢してやり、下げたくもない頭を下げる。うわべだけの言葉づかい、繕った表情、似つかわしくない態度。どう見てもフローではない。自分とは違う型に、無理やりはめようとするのだから、そこには大きな軋轢が生まれる。その軋轢に耐えるために、膨大なエネルギーを消耗する。なぜそうまでして自分を繕うのだろうか。そうしないと生きていけないと思うからだ。周りから認められる人物像を目指そうとする。こうであらねばならないという型に自らをはめようとする。なぜなら、みんなそうしているから……。まさに「とらわれ」である。本書をここまで読み進めてきた読者であれば、これはフローから逆行しているとおわかりだろう。

本当に活躍している Flower たちはとらわれていない。自分で決めて生きておりなんでも自ら突き詰めようとする。そのためならどんな努力も苦しみもいとわないし、異なる考え方との衝突を恐れない。自分の心の声に素直に生きる選択をしているのだ。

一方、人に対しても素直に生きるほうが間違いなくフローのはずだ。素直でない人は聴く耳と聴く心を持たないから成長がない。現状にとらわれ、いまの自分にとらわれていく。どんな言葉、事柄にも素直でいる意志が、同じ時間生き、働いてもさらに豊かな自分をもたらす。素直さも決めることだ。そう決めないと、人はエゴや見栄から自分の心をストレスのほうに導き、自らの首をしめていくことになる。

自分と違う型に無理にはめるのは「とらわれ」

人に対して素直ではない人は成長がない

自分に素直な人の考え方

自分に素直な人の考え方

自分の心も行動も
自分で決めて生きる

→

そのためなら……

**努力・苦しみ 受容！
異なる考え方との衝突 OK！**

「社会力」④

「フォワードの法則にしたがう」

物をもらうと、誰でも嬉しい。ちょっとしたものでもおまけが付いているとなんとなく得した気持ちになるだろう。そのとき心はフローになっている。

与えることでフローになれるなら自分でつくれる。主体は自分にあるからだ。積極的に、どんどん人に与えればよい。もちろん、実際に現金や物をあげてもよいのだが、ここでいうのはメンタルの中で与えられるものだ。このよいところは、与えるのは心のエネルギーなので、物理学で言うエネルギー不変の法則と違って、与えた側のエネルギーは減らない。物理上の法則では、エネルギーを与えると、その分、与えた側のエネルギーが奪われ、エネルギーの総和が常に一定になるという法則だが、メンタルのエネルギーにこの法則は当てはまらない。

では、メンタルの中ではどのような現象が起こっているのか。与えた側の心も、鏡に映るかのように、フローになる。与えるとフローになるのは、相手からそれに対する見返りを期待しているからではなく、相手がもらっていることに気づかなくてもいい。返ってくるからではない。ただ、与えるだけでフローになれるのである。すなわち、お返しを期待するペイバックの発想ではなく、ペイフォワード発想であり、与えることで自分の心をフローにするという意味で、「フォワードの法則」と呼ぶ。

このフォワードの法則には、3つある。

①リスペクト・マインド（尊重する）、②チア・マインド（応援する）、③アプリシエイト・マインド（感謝する）。この3大フォワードは人間の崇高な本能である。

しかもこれらはすべて、自分次第で思考できる。これを利用しない手はないだろう。

3つのフォワードの法則

1. リスペクト・マインド（尊重すると考える）

2. チア・マインド（応援すると考える）

3. アプリシエイト・マインド（感謝すると考える）

フォワードの法則

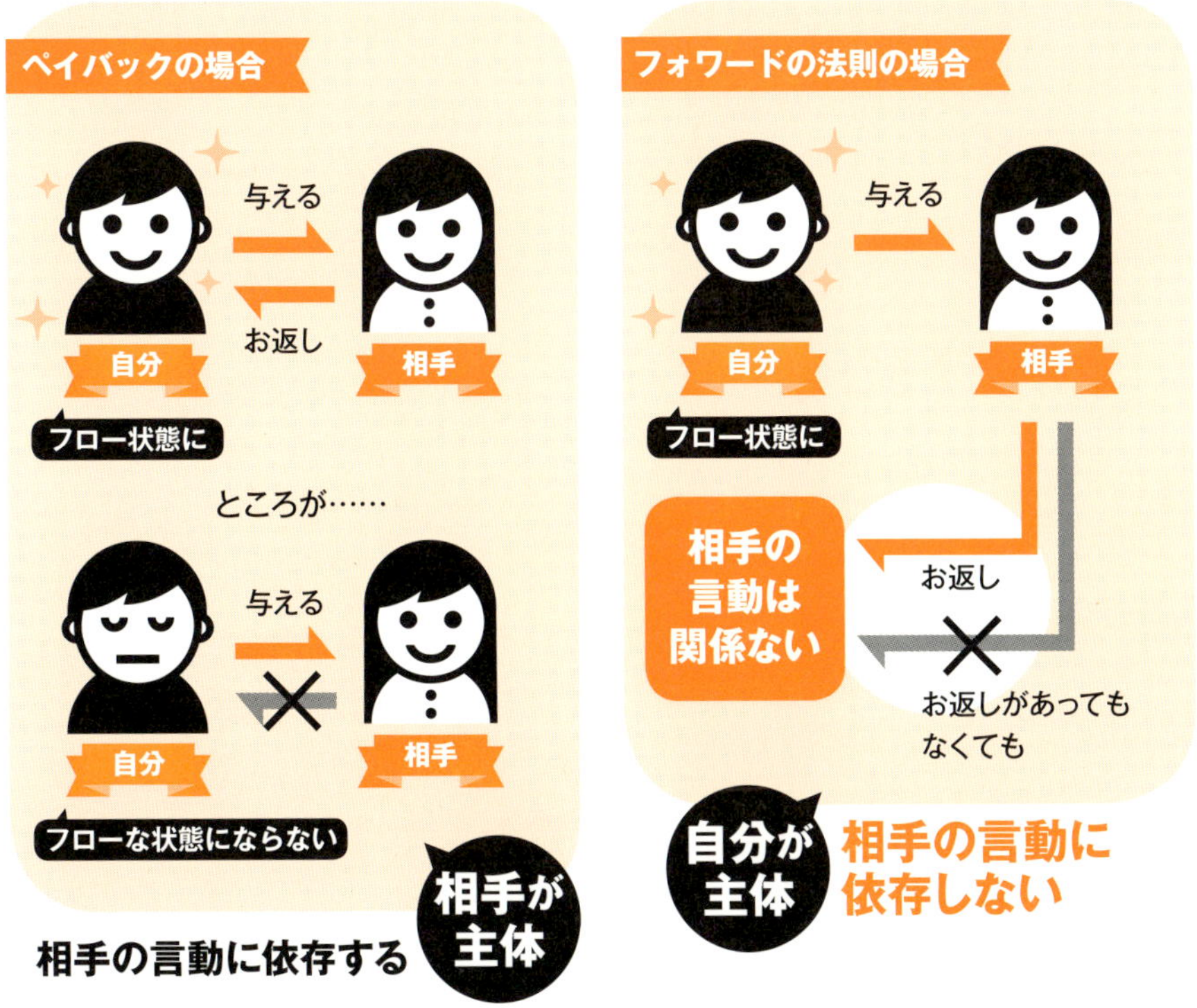

「社会力」④ フォワードの法則 1

リスペクト・マインド

「フォワードの法則」の1つめが、リスペクト・マインドだ。

リスペクトに対する適切な日本語訳はなかなか見当たらないが、思いやるとかその人の人格や存在を尊重するという感じだ。

たとえば、上司やコーチから指導を受けているときに、「そんなのわかっているよ」と思った途端、学びはなくなり、成長はなくなる。またはチームメイトに対して、「こんなへたくそなやつらと練習できるか」と思った途端、チームワークは崩壊し、切磋琢磨する機会を失う。試合のときに、「なぜこんな相手とやらなければならないんだ」と思った途端、おごりや侮りの心が相手のプレイを見抜く目を曇らせ、自分のプレイを怠惰にさせる。

これとは逆に、すべての人にリスペクトするマインドを持って生きている心は、素晴らしいエネルギーに満ち溢れているから、成功できるのである。

リスペクトの価値を強調しフロー状態で大活躍した20世紀のスーパースターこそMBAのマイケル・ジョーダンに他ならない。マイケル・ジョーダンが引退する際に世界中のメディアを前に、『人を見下してしまった瞬間に、損をするのは自分。もっとも成功する秘訣の1つこそ、リスペクト・マインドだ』と歴史的なコメントを残している。

ただリスペクトしようと考えることが重要だ。また、自分がリスペクトしていることを、相手が気づかなくてもまったくかまわない。ただ自分が相手をリスペクトするだけで、自分の心はどんどんフローになっていくのだ。高次元の思考として、プレゼントをあげることでも気分がよくなるという本能がある。すなわち、リスペクト・マインドをただ考え、与えることでフローになれるのだ。

リスペクトする、しないでフロー度が変わる

相手をリスペクト（尊重）と考えているとき
フロー度高い
相手をリスペクト（尊重）しないで接するとき
フロー度低い

いろいろな人と接する際に、自分が相手を尊重しているケースと尊重していないケースでは、自分の心のエネルギーの度合い、すなわちフローの度合いは、前者のほうが高くなる。

相手をリスペクトする判断基準

認知脳
判断基準
リスペクトするに足る相手か？
・肩書は？
・性格は？
・能力は？ ……etc.
YES
リスペクトの思考・行為で接する
NO
見下す、リスペクトしない

ライフスキル
判断基準
自分の心がフロー化するか？

相手を尊重するのかどうかは「認知」の脳機能で判断して決めがちだが、リスペクトするかどうかについては、自分の心がフロー化するかどうかという点から判断することが重要。

「社会力」④ フォワードの法則2

チア・マインド

チア・マインドの「チア」は、チアリーダーの「チア」のことで、「応援」や「喝采」という意味である。チア・マインドと言ったときに、主役（プレイヤー）を応援する立場となり、自分は脇役にまわることのように感じるが、そうではない。

チア・マインドを持つべきは脇役ではなく主役である。そう言ったのは、全盛期のプロゴルファー・タイガー・ウッズ選手である。

たとえば、最終ホールで、トップを争っているライバルが1メートルのバーディパットに向かっているとき、現時点ではスコアは1打差で自分が勝っている状態。もし相手がこの1打を沈めればプレーオフ、外せば自分の優勝という場面を想像してみる。

たいていは、ここで、「外せ、外せ」と祈るだろう。それが普通だ。しかし、タイガー・ウッズ選手はこういうとき、心の底から「がんばれ」とライバルに声援を送っていたのだという。

なぜなら、相手が入れたときにがっかりして損をするのは自分だからだ。「外せ」と祈れば外すわけではない。もちろん、応援したら入ってしまうわけでもない。結果はどう転んでも変わらないのなら、自分の心をフローにすることに自分の思考を選択するべきである。

だから、相手を応援する。それだけで心はフローになる。相手選手がそのパットを入れようが、外そうが、自らの心は落ち着き、フローになる。

そのままプレーオフを戦った場合でも、結果はどうなるかわからないが、少なくとも、自分の心は極めて良好な状態でプレイに臨むことができ、最高のパフォーマンスでいい勝負ができるのである。

全盛期のタイガーの強さの秘訣の1つは、この思考にあったのだろう。

相手を応援するだけで心はフローになる

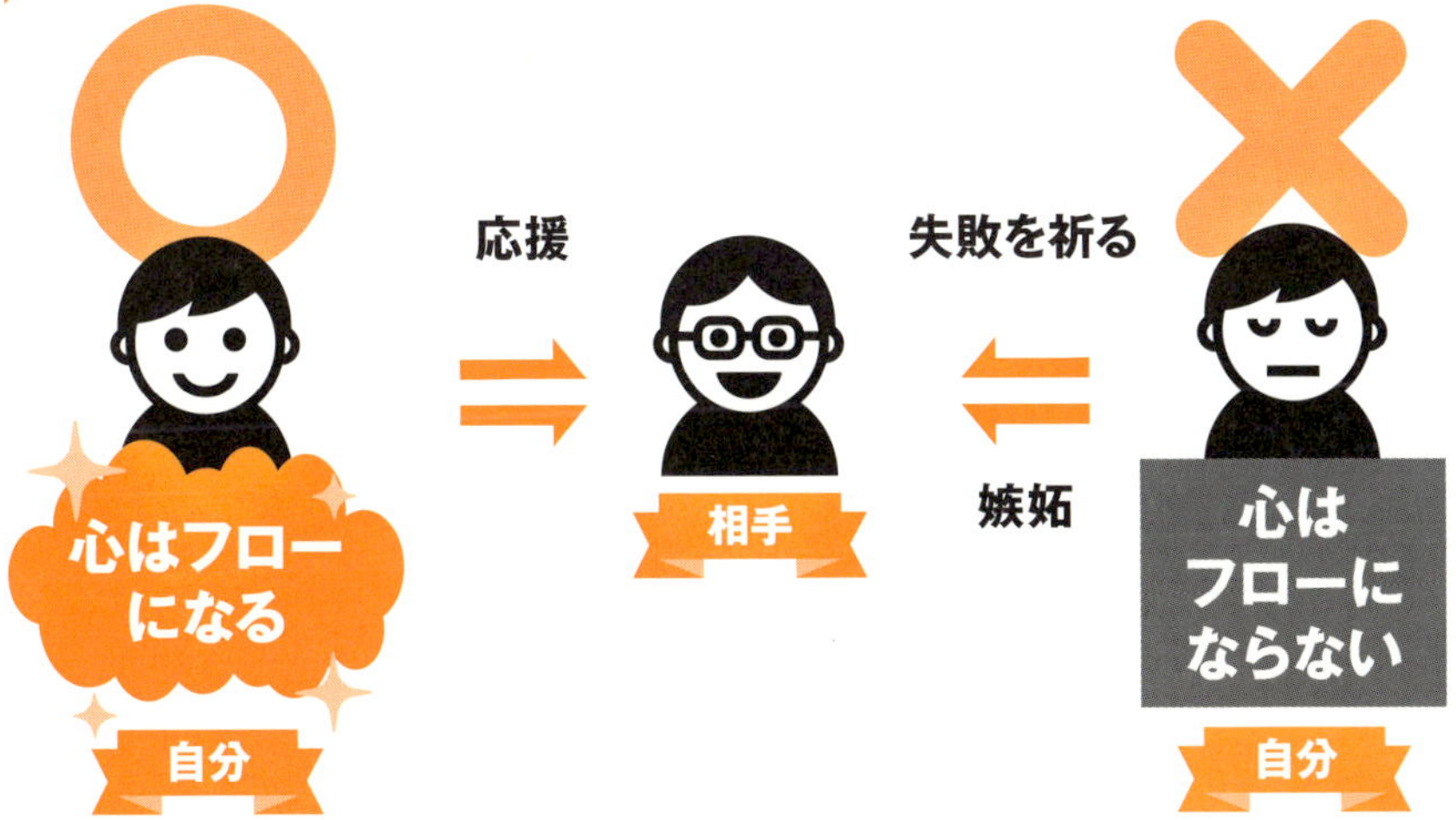

チア・マインドは自分のため

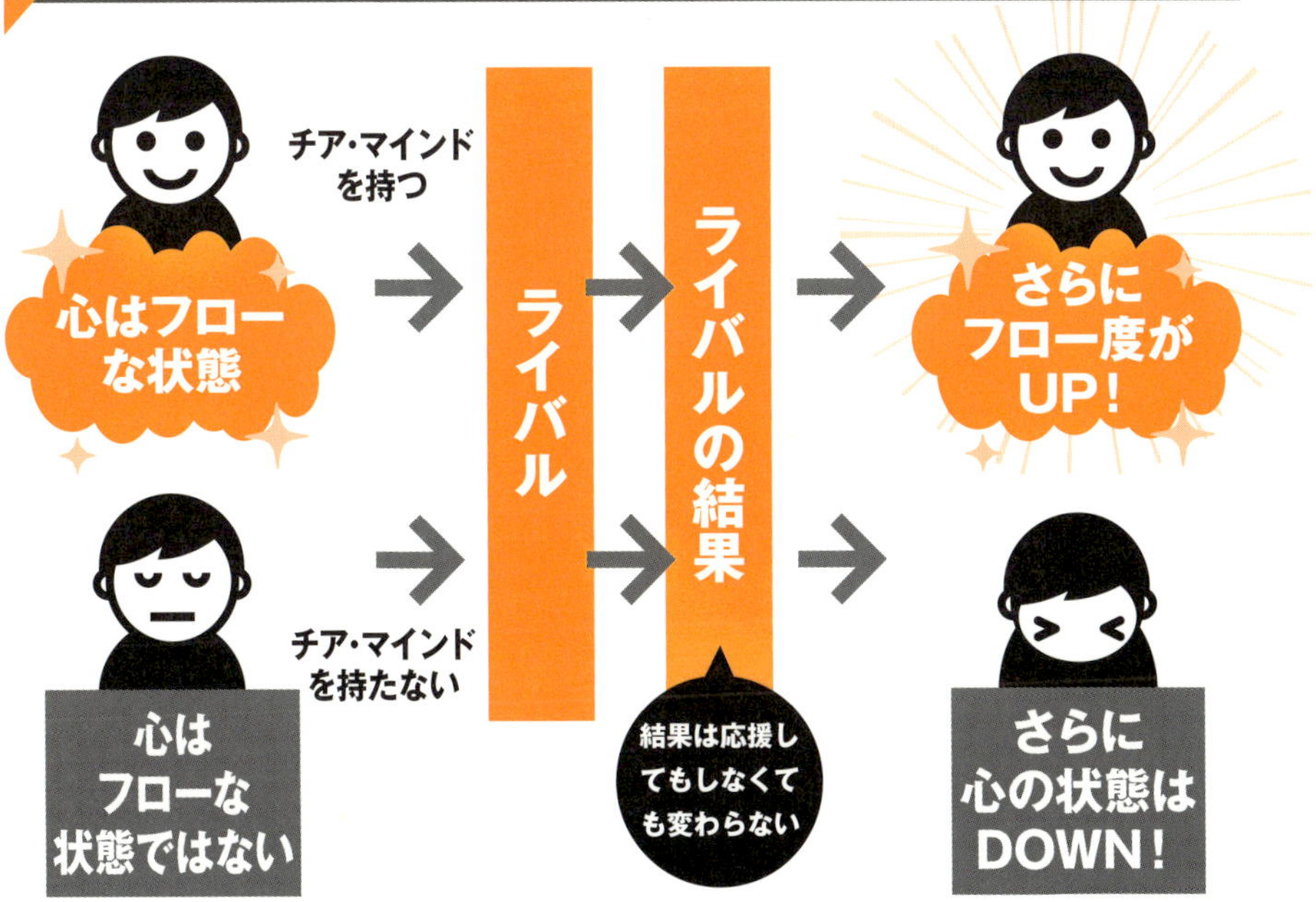

結果はどう転んでも変わらないのなら、
自分のために応援し、自分の心をフローにすることで
自分の結果を導く。

「社会力」④ フォワードの法則 3

アプリシエイト・マインド

アプリシエイト・マインドとは、「感謝する心」である。アプリシエイト・マインドを持ち、ありがとうという言葉を使うこと、ただありがたいと考えること、感謝の気持ちを伝えることがフローへの道なのだ。

人はありがとうと言われれば、間違いなくフローになる。しかし、言われるかどうかは相手が決めることだから、それでしかフローになれないと、折角やってやったのにあいつはありがとうと言わない、となって気づけば心はストレスだ。ありがとうと言われるのもフローだが、ありがとうと言っているだけで人はフローになる。それを知っている人は自らありがとうと言う。そして、常に感謝の意志を持って生きている。

シドニーオリンピックのマラソン金メダリスト、高橋尚子選手は沿道のファンにありがとうと言いながらいつもパフォーマンスを高めていたのだと聞く。マラソンでは沿道の観客の期待に応えてストレスになり勝てなかった選手は枚挙にいとまがない。そんな中で高橋尚子選手が世界一になる秘訣こそ、感謝の力だったのだ。

走りながら、周りの景色にも感謝しているだけでなく、30キロ付近で競り合っているライバルにも「くそ〜こいつだけには負けるか」より「ここまで競り合ってくれてありがとう」と。それは決して負けていいのではない。本当に勝ちたいからこそ、フロー状態をつくり出す脳力を発揮していたのだ。

オリンピックではトップアスリートたちがただありがたいと言っている場合があります。ありがたいという考えは、心に余裕をつくり、パフォーマンスの発揮につながることを知っているからだ。もちろん、さらに感謝することで、自分の心が何よりもフローになることを知っているのだ。

アプリシエイト・マインドはフローへの近道

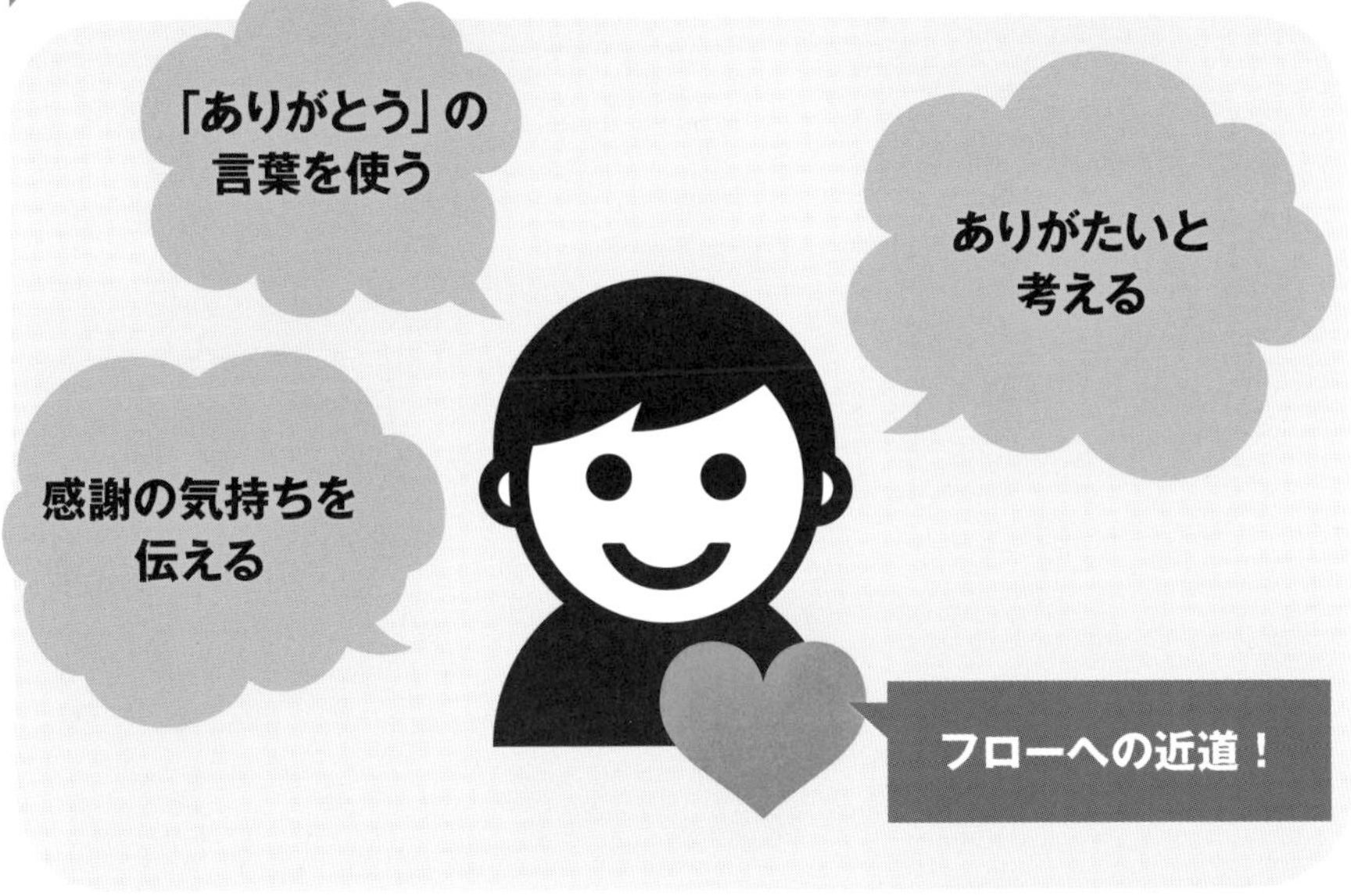
「ありがとう」の
言葉を使う
ありがたいと
考える
感謝の気持ちを
伝える
フローへの近道！

トップアスリートのアプリシエイト・マインド

応援してくれた方、
スタッフの方に
感謝したい！
トップアスリート
感謝することで
自分の心がフローになることを知っている
よい成績・結果に
つながる

「社会力」⑤ イメージを大切にする 1

認知的イメージとの違い

フローになるには、日ごろからイメージをしていくことがとても大切だ。

例えば「あつい」というキーワードで思いつく物を実際にイメージしながら20個あげる。「柔らかい」というキーワードで思いつく物を実際にイメージしながら、やはり20個あげる、というように、あるワードから連想する物を実際にイメージしながらたくさんあげていく。このときに、キーワードとなる言葉は、五感で感じるものであり、すなわち見る、聞く、嗅ぐ、味わう、触ることで感じるものをイメージとして引き出すものである。この訓練により、五感が鍛えられる。

次に、直接五感で感じるものではなく、感覚を訓練する方法として、「きれい」、「素晴らしい」などのキーワードから連想するものをやはり20個ほどイメージしながら思い浮かべる。

さらに、次は、自分の気持ちからイメージする方法として、「うれしい」、「楽しい」といったプラスの感情でイメージできるものと、「苦しい」、「辛い」などマイナスの感情でイメージできるものをそれぞれ思い浮かべる。これを身近な人と、お互いにやりあうとよい。

とにかく頭の中に映像をイメージするように心がけることが大事だ。物をイメージしないで、言葉を探していたら意味がない。○○と言えば△△、では認知的になってしまう。

認知的イメージの典型は結果のイメージだ。コンペで勝ったところをイメージする、ビジネスで成功したことをイメージするなどだ。このイメージはとらわれや揺らぎのリスクを残念ながら生む。ライフスキルのイメージは自由が基本となる。

イメージする力をトレーニング ①

STEP 1 五感からイメージする 「あつい」から思いつくもの 20個

STEP 2 感覚からイメージする 「きれい」から思いつくもの 20個

STEP 3 自分の気持ちからイメージする プラスの感情 「うれしい」から思いつくもの 20個

STEP 4 自分の気持ちからイメージする マイナスの感情 「苦しい」から思いつくもの 20個

「社会力」⑤ イメージを大切にする２

想像性からイメージをふくませる

実際にトレーニング研修で行うときは、「私がいま、心にイメージした物は何か」と問いかけ、そこから発想をめぐらして、直感的に頭に浮かんだものを言ってもらう。トレーナーは、それは自分がイメージしたものなら「ＹＥＳ」と答え、違えば「ＮＯ」と言うだけで、ヒントは一切出さない。そして「当ててはいけない」ことをルールとする。人間には「賢い」と思われたい本能があるから、ついつい当てようとする。「鋭い」と言われたい、「頭がよい」と思われたい。逆に、「鈍い」、「頭が悪い」と思われたくない。そういう考え方が「とらわれ」を生み、右脳の血流を落とす。あえて当てようとしないで、何でも頭に浮かんだものを躊躇なく口にすることが、とらわれない自由なイメージを発想するための訓練になる。

次は、「今度は当ててみましょう」と言う。ヒントを探るために、今度は質問していい。出題者はすべての質問にＹＥＳかＮＯで答える。ここでもやはり、目的は「当てる」ことではない。あくまでもイメージの訓練である。でも、「当ててみて」と言った瞬間に、たいていの人は、認知脳を使って分析力をフル活用し始める。「当てなくていい」と言っても、なかなか分析をやめない。

認知がまだ未熟な子供は違う。最初に聞くのはほぼ間違いなく色だ。なぜなら、色を決めずしてイメージはできないからだ。大人は、「同じ質問はバカっぽい」という「とらわれ」の心が働くので、質問を切り替えてしまうが、子供は「ＹＥＳ」と言うまで色を聞いてくる。色がわからなかったらイメージできない。だから、正解の色がわかるまで聞き続け、色がわかったらイメージの中でその色を連想し、映像化する。次に形、動き、と連想していくことが大事なのだ。このような脳の使い方こそフローへと導くことになる。

右脳のイメージする力をトレーニング ②

STEP 1

ルール **当ててはいけない**

出題者：「私がイメージしたものを当ててください」

当てようとしたくなるお題に、あえて当てようとせず、何でも頭に浮かんだものを躊躇なく口にすること。これが、とらわれのない自由なイメージを発想するためのトレーニングになる。

出題者は回答者の答えを「YES」か「NO」で答える

これを繰り返す

STEP 2

ルール **思いついたものでも質問でもOK。ただし質問は「YES」か「NO」で答えられるもののみ。**

当たるまで続ける

認知脳が活発な人の特徴

・カテゴリーを絞り込む質問など分析的に聞く

この部屋にある？

高価なもの？

それは食べ物？

コンビニで売ってる？

みんな持ってる？

生きてる？

ライフスキルが鍛えるられている人の特徴

・子供はほぼ間違いなく「色」や「形」を聞く

黒？

赤？

青？

丸い？

テレビより大きい？

四角い？

「社会力」⑥

「チャレンジの習慣を持つ」

チャレンジは、ライフスキル脳の1つである。だから冒険家は右脳の血流がとてもいい。心の中はいつも無邪気な好奇心であふれ、好きなことになると我を忘れてしまうほど熱中する。子供がそのまま大人になったような人が冒険家には多いものだ。しかし、人生経験も長くなってくると、同じパターンで生活することが居心地よくなる。昨日までやっていたことを今日も繰り返し、そこから逸脱することを極端に恐れる。これが組織に危険を招く。昨日と同じことを今日もしていたら、変化に富んだビジネスシーンでは勝てない。

認知が暴走し、強固な「とらわれ」に陥る4大リスクは①高い教育を受けている②一流会社に勤めている③年をとっている④男であるの4つである。

したがって、いまの日本のほとんどの会社は、みんなとらわれてしまって、思考が硬直化している可能性が非常に高いのである。

誰も新しいことにチャレンジしない、同じパターンの中から出ていこうとしない。パターンを崩すと、心配、不安、怖れといったマイナス感情がわくからだ。

そのマイナスの感情に打ち勝ち、勇気を持ってチャレンジし、自分のパターンを破る、枠を超える思考や行動をしようと心がける生き方がチャレンジ精神だ。

通勤ルートを変えてみるとか、服装や髪形を変えてみるといったところから始めればいい。当然、結果は問わない。重要なのは、結果を出すことではなく、チャレンジし続けることである。そのことがとらわれを開放しフローな自分を少しずつ形成していくことになる。

転職したり、仕事の内容を変えたり、転居するといったようなリスクをかけたチャレンジをする必要はない。無謀な行動に出ることは、決してチャレンジとは言わない。日常のいつもの自分と違うことをチャレンジと考える習慣が大切なのだ。

同じパターンで生きるのは安心する

同じパターンの中で生きる

安心・居心地がいい

同じパターンから外れる

心配・不安・恐れ……etc.
マイナス感情がわく

やっぱり
外れないほうがラク！

チャレンジの意味

無謀な行動 ＝ リスクを伴うもの

・いきなりの転職
・仕事の内容を変える
・転居する

≠ **チャレンジ** ＝ いつものパターンを越え、少し違うことをあえてやろうとすること

結果を出すこと ＜ **チャレンジと考えること**

チャレンジしたらうまくいかないことも多々出てくる。重要なのは、結果を出すことではなく、チャレンジと考え続けること。そのことがとらわれを手放し、フローな自分を少しずつ形成していく。まずは通勤ルートを変える、服装や髪型を変えるといったところから始めればいい。

「社会力」⑦

「目標よりも、目的を大事にし、夢を描く」

目標を立てる理由とは、それを達成するために何をするべきなのかの行動指針や、戦略につなげるために存在する。つまり、認知脳が働いているのだ。しかし、目標とは目指す結果のため、達成するかしないかのいずれかの答えしかない。結局、結果エントリーとなるため、心はフローになりにくい。

一方、ライフスキルは、目標よりも目的を大事にする。なぜその目標を達成したいのか、その意義をエネルギーの源泉として自分の心に向けるのだ。これにより心をフローへと導いてくれる。

少年野球のチームにたとえると、目標は、「県大会ベスト4進出」。目的は、「一生懸命に試合をする」「野球を通じて人間的に成長する」など、チームや選手が目指す目標の共通の意義となる。

もちろん目標が不要と言いたいわけではない。目標は大切だが、目標を設定しただけでは、心はフローにならないので不十分ということだ。

ハイパフォーマーと評される人は、数字などで決められた目標や、いまするべきことといった戦略、タスクを考える力、つまり認知脳の機能が優れている。しかし、それと同時に自分のパフォーマンスの質を決めている心の状態をつくる、内向きに考える力、ライフスキルも優れているのだ。

この両輪がバランスよく働いてこそ、自分のベストなパフォーマンスが発揮される。そして、このようなハイパフォーマンスな毎日を続けた結果として、目標を達成することができるのだ。

また、心をフローにするライフスキルは、目標を設定するのではなく夢を描く。なぜなら、夢は根拠や理由を離れ、自由な思いを大切にしているからだ。叶う、叶わないに関係なく、自分の夢を持っていることは、心をフローに導く重要ものと言えるだろう。

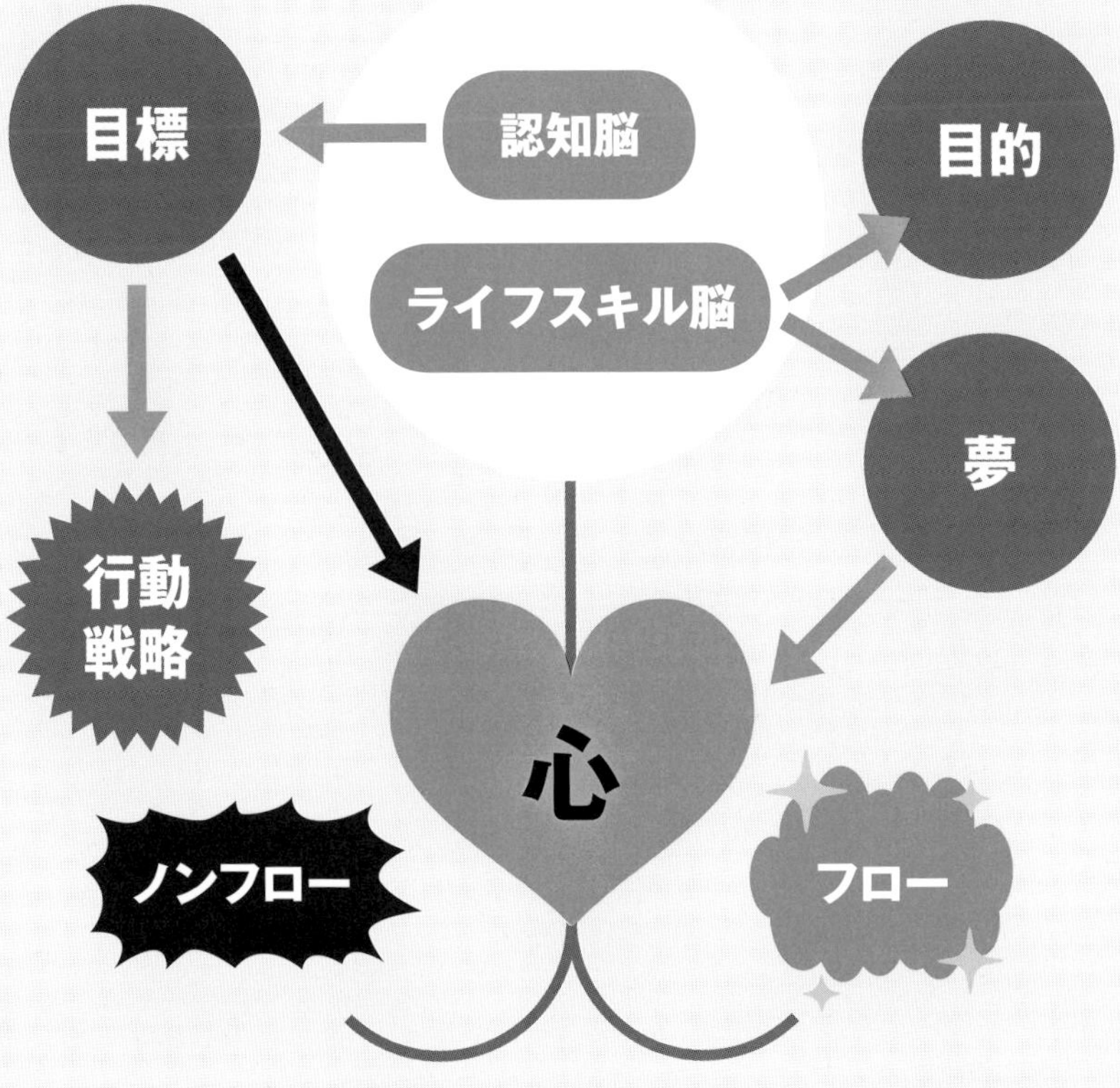

認知脳は、行動指針や戦略を考えるために目標を設定する。しかし、目標は結果エントリーとなるため、フローを阻害してしまうことがある。一方、ライフスキルは目的を持ち、夢を描くことで、心をフローへと導いてくれる。

プロスポーツアスリートへの トレーニング事例

◆ 阪神タイガース・秋山拓巳投手

プロ野球・阪神タイガースの秋山拓巳選手もトレーニングを受ける一人だ。2009年入団以来、なかなか1軍に定着をできずにいた。2軍では最多勝をとることもあるのだが、1軍に上がった途端に打たれてしまうのだ。つまり、1軍に上がると、すべてに意味づけを起こし、力み、ノンフローのまま気合と根性で頑張るのだが、力むのでボール半個分甘くなり、球速は落ちる。1軍は打者のレベルも高く甘い球は即打たれてしまう。この繰り返しだった。

彼はメンタルが原因ではないかと、薄々感じていたという。だが、メンタルトレーニングは弱い人が受ける、というマイナスイメージを持っていて行動に移すことができなかった。しかし、ある人から「治療ではなくトレーニングなんだから、本当に強くなりたい人こそが受けるもの」と助言されたという。フィジカルのトレーニングも強くなりたいから取り組むのであり、メンタルも弱いからではなく、強くなりたい人が思考の仕組みなどを教わり、心をタフにする練習なのだから、強くなりたいのであれば受ければいいと、背中を押され私のオフィスへ来てくれた。

私の元でライフスキルを学び始めて1～2年後の2016年。彼は1軍で1勝を挙げた。その後も継続的にトレーニングを続けた結果、2017年には12勝6敗とその年の同球団のメッセンジャー選手に次ぐエースにまで成長したのだ。

◆ プロサーファー・小川直久選手

40代の現役プロサーファーの小川直久選手も「40歳を過ぎた自分がこれから伸ばせるのは心ではないか」と、私のトレーニングを受けている。彼は、ハワイのパイプラインで行われる「パイプラインマスターズ」で日本人初のパーフェクト10（満点）を記録し、パイプラインマスターの称号を持つ。また、国内大会（JPSA）元グランドチャンピオンでもあり、日本の大会では常に上位に食い込む実力派だ。

彼は、フローになることで波の捉え方が違うと語る。ただがむしゃらにやっていたトレーニング前とは違い、自然体でライディングできるようになり視野も広がったという。そして「何より楽しくできるようになった。結果が向こうからやってくるような感じがする」と嬉しそうに話ってくれた。

第4章

フロー・カンパニーへの道

周りをフロー化する「コーチ力」

フローをもたらす脳力には、自分自身の心をフローに導く「社会力」に加えて、周りの人をフローに導く「コーチ力」がある。一般的にビジネスシーンでよく使われるコーチングと混同しないでほしい。コーチングは、目標達成のためのコミュニケーションテクニックであるのに対し、私が言う「コーチ力」とは、人間の普遍的な真理、あるいは心理に沿った生き方、人との接し方ができる人間力のことだ。コーチ力とは、何かのテクニックではなく、もっと広く生き方の選択といった概念である。特定の人に焦点を当てて、特定の目標を持って接するのではない。

人間には、何をされるとフローになり、何をされるとフローが阻害される、という普遍的なポイントがある。誰も、人のフローを阻害してやろうなどとは思っていないのに、自らの無思慮な言動が、知らず知らずのうちに人のフローを阻害してしまっている可能性がある。これは、性格や信条とは無関係である。無理に自分の信念を曲げたり、似合わないお世辞などを言ったりするということではない。人と接するときに、何をして、何をしてはいけないかを知ればよいだけである。その人の特性を言動・態度から見抜いたり、タイプに分けて接したり、どうやって効果的な質問を繰り出すか、などということではないのだ。

まず、フローな個人が存在し、その人がフローな状態で周囲と接している。すると、そのフローが周りを元気にし、誰かをフローにしていくという生き方である。このような力は、組織のリーダーはもとより、その中にいる人すべてにいまもっとも求められている能力ではないだろうか。まずは数人でもいい。フローな人材が生まれること。そしてそのフローな人材が、社会力、コーチ力をもって組織の中でフローを伝播していく。組織がフロー化するための確実な方法である。

フローをもたらす能力（ライフスキル）

周りの人をフローに導く力	＝	コーチ力（人間力）	≠	コーチング（コミュニケーション・テクニック）＝相手の目標達成に導く
自分自身をフローに導く力	＝	社会力		

6つのコーチ力

1. 理解ある生き方
2. 時間軸のある生き方
3. 愛する生き方
4. 見せる生き方
5. 楽しませる生き方
6. アクノレッジする生き方

数人のFlowerから組織のフロー化は加速

スタート！ 経営者・リーダー・メンバーの意欲的な人財がフローになる

↓

目指すところ 全体の２割の人間をフロー化する

↓

組織のフロー化が加速！

↓

フローカンパニーへ！

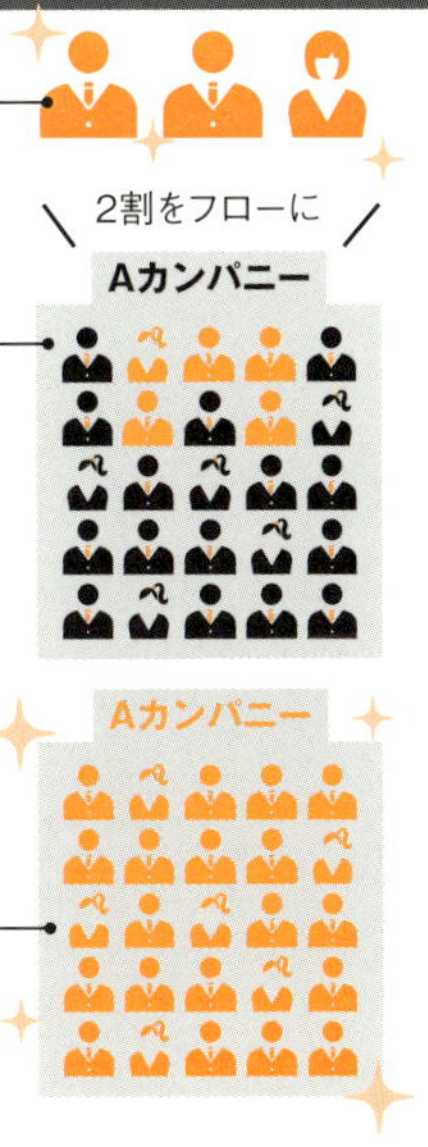

「コーチ力」① 理解する生き方

「わかってほしい」という気持ちをわかる

人間には、感情と考えを理解してほしい、わかってほしいという本能がある。感情や考えを持つのは人の自由な意志ということだから、その考えや感情をわかってあげないのは、その人が感情や考え方を自由に持つことを否定していることになる。よって、フローを阻害してしまうということになるのだ。

たとえば、落ち込んでいる人がいたら、その人が落ち込んでいることを理解してあげる。「あなたはいま落ち込んでいるんだね、わかったよ」と、それでいい。ここでありがちな間違いが、元気づけようと思って、「落ち込んだってしょうがない、元気出せよ」と、落ち込んでいる感情や考えを変えさせようとしてしまう。これは、よいことをしているようだが、逆効果だ。「落ち込む」という感情を持つのはその人の自由であり、その自由を阻害してしまっていることになるからだ。

もちろん、間違いを指摘したり、考え違いを正すことがいけないわけではない。しかし、感情や考え方の選択はその人の自由だから、まず認めてあげる。そうしないとフローが阻害されるから、間違いを指摘したところで素直に聞かない。間違いを正したいのなら、なおさら、相手の感情や考えを認めないといけない。「わかった、お前はそう考えるんだな。でもな、私の考えは違うぞ……」と、まずは、「わかった」ことを示してから、自分の意見を示す。そうすれば相手はフローを阻害されず、素直に説明が聞きやすくなり、その感情や考えを選択するのがよいことだと理解しやすくなる。

また、相手の気持ちをわかろうとして、やってしまいがちな失敗のパターンに、安易な共感を示してしまうことがある。心から共感していない嘘を言うのは、相手にすぐばれてしまう。「お前に何がわかる」と相手は思っているわけで、そんな上っ面の共感をすればするほどその人のフローは阻害されてしまう。

わかってもらうとフローになる

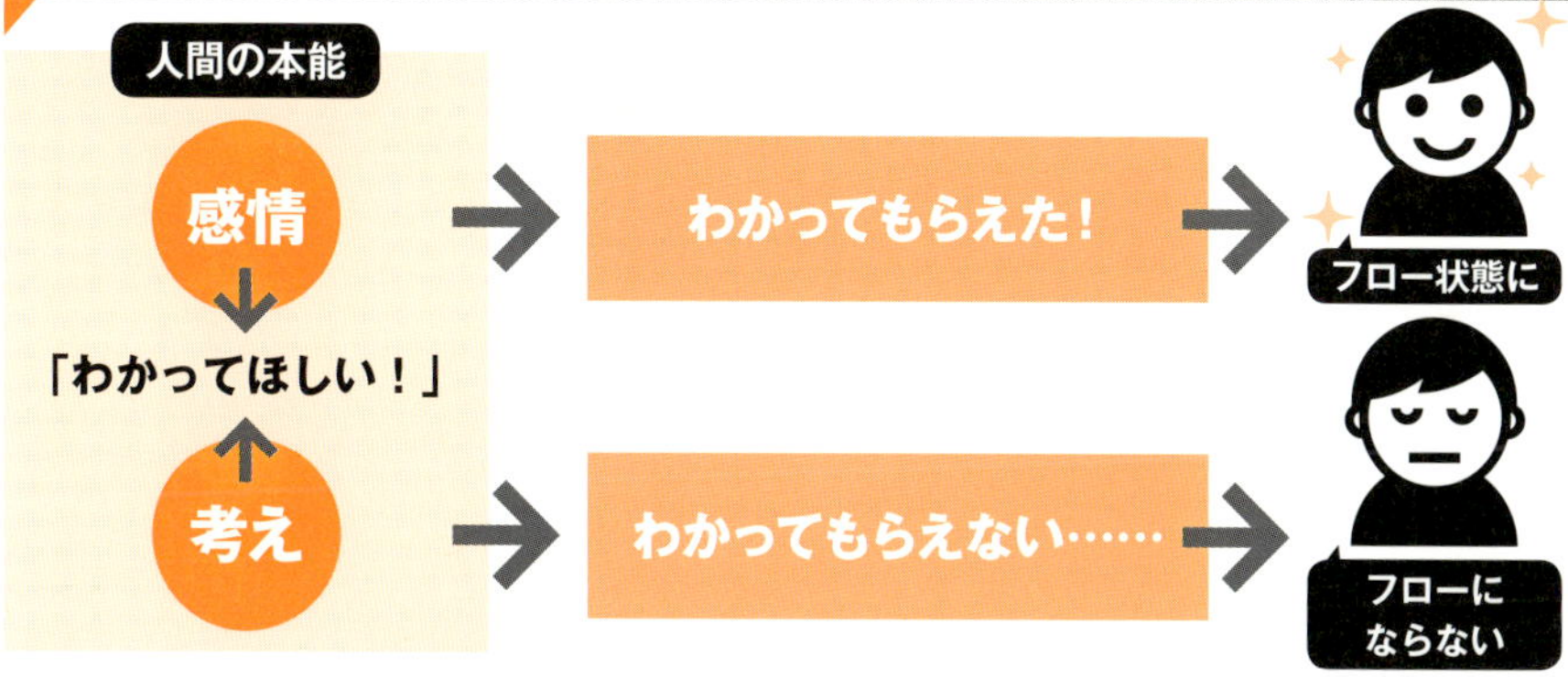

コーチ力のある人の対応

◆ 落ち込んでいる相手への対応

✕ 相手の考えや感情を変えさせようとする
「落ち込んでいても仕方ない！ 元気だせよ！」 → フローを阻害

○ 相手の感情や考えを理解する
「いま落ち込んでいるんだな。わかったよ」

◆ 間違いを正す必要がある場合の対応

✕ 相手の考えを頭ごなしに否定する
「お前……それは違うぞ！」 → フローを阻害

○ 理解していることを示してから自分の意見を伝える
**「お前はそう考えたんだな……わかった。
でも私の考えは違うぞ……」**

agreeより、understand！

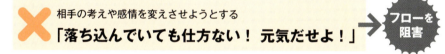

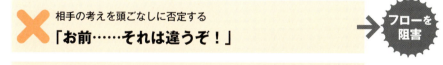

「コーチ力」② 時間軸のある生き方1

その瞬間だけより時間の幅を持つ

人はその瞬間で物事を見られるとすごく不快になる習性がある。すなわち、ストレスだ。

瞬間でしかその人を見ないのは、人のフローを必ず阻害する。人をフローにするためには、時間軸で物事を見なければならない。

そのためには、まず「聴く」「待つ」という習慣を付ける。子供のころを思い浮かべるとわかりやすい。家で遊んでいて、「そろそろ片付けて、宿題でもやろうか」と思っている矢先に、帰宅した母親から「遊んでばかりいないで、早く片付けて宿題しなさい」と叱られると、とても気分が悪い思いをしたはずだ。「いまやろうと思っていたのに」というやつである。そのときフローは明らかに阻害されているから、宿題をやっても効率がよくない。

これは大人になってからも同様だ。たとえば部下に簡単な仕事の指示を出したのに、1週間たっても報告の1つも上がってこない。こういう状況のときに、「おい、1週間もたっているのにまだできないのか」と頭からどやしつける上司は必ず部下のフローを阻害する。上司にしてみれば、「こんな簡単な仕事なのに、1週間もかかって何もできていないのはどういうことだ」という考えがあるだろう。しかし、部下も遊んでいるわけではない。その簡単な仕事が1週間たつまでの状況のには、部下なりに理由がある。その理由のいかんは別として、まず、1週間たつまでの状況を聴かなければならない。

部下がきちんとやっていないことを、「いいよ、いいよ」と簡単に許せと言っているわけではない。瞬間だけを見ないで時間軸で見るという視点が大切なのである。それは相手のためだけでなく、フローを阻害すれば部下のパフォーマンスが下がり、業務の効率を妨げるからである。

「聴く」習慣をつける

Ex.企画書の提出期限が過ぎている

×

上司：おい、１週間もたっているのにまだできないのか！

↓

部下のフローを阻害 → **業務の効率 Down！**

○

上司：この１週間どうしてた？

部下：部長の指示もやらなくてとは思っていたんですが、急な案件が立て続けに入ってしまって、なかなか手がつかなくて。

上司：それで、いつまでならできる？

部下：はい、明日にはなんとか。

上司：じゃあ、明日な。それから、こういうときには、ちゃんと報告するように。

部下：はい、気をつけます。

→ **部下はフローに**

POINT

1. 現状までの状況を聴く
2. 今後に向けての考えを聴く

「コーチカ」② 時間軸のある生き方２

結果より変化を見る

人をフローに導くときにも「結果より変化を見る」思考が重要である。結果でしか人のことを見られない人は、人のフローを阻害してしまう。なぜなら、結果は瞬間だからだ。瞬間に視点を置いてしまえば、「できているか」、「できていないか」という絶対評価しかなくなってしまう。また結果しか見られない人はそれを評価するために必ずといっていいほど他人と比較する。比較し始めたら危ないと思うべきだ。

結果というのは変化の集積であるから、変化を生まなければ結果にはつながらない。そこで、時間軸に視点を置くと、見方が変わってくる。結果は瞬間にしか訪れないが、ある時点からある時点までどこを区切っても、必ず変化を発見することができる。この変化を見極める視点が重要なのである。

人の変化を見るときのポイントが「成長」と「可能性」だ。過去から現在までの変化を「成長」、いまから未来への変化を「可能性」と呼ぶ。人を見るときには、必ず「成長」と「可能性」で判断する練習をする。

管理職のトレーニングをするときによく実践するのが、部下を一人あげて、「その人の最近一週間での成長を述べてください」という方法である。たいていの人が、「部下はまだまだなんですよ」と言う。これは、瞬間の絶対値だけを見る癖がついているからだ。結果だけを見るなら、その力を認めるのは、成長し切ったときだけだ。それまでの過程を見ないと部下はフローになれないので、なかなか成長できない。

上司がするべきことは、成長を促すことである。そのためにはフローをつくり出してやらなければならない。時間軸の中で見て、できるようになったことに目を向ける。いまできていないことを嘆くのではなく、将来できるようになるためのフォローをする。それによって部下の成長が促されていくのである。

人への接し方

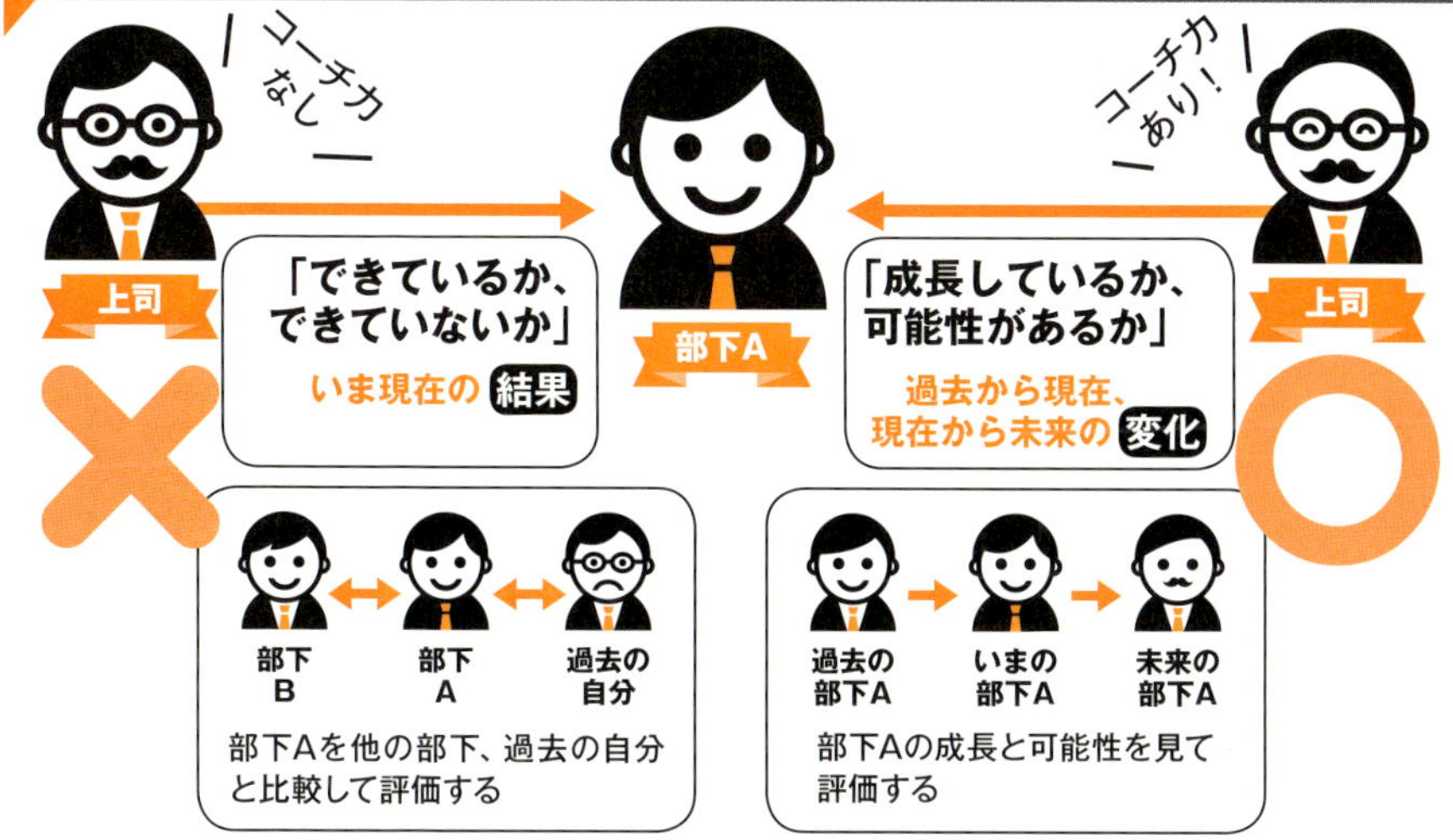

変化と可能性

部下の成長を書き出してみる

（部下名：　　　　　　　　　　　　）この1カ月で成長した点

Ex. 会議での話し方がうまくなった……

「コーチ力」③ 愛する生き方1

相手の成功を自分の喜びとする

人は愛されるとフローになる。もちろん、この場合の愛は、男女の恋愛や親子の愛だけではない。ただ、「すべての人を心から愛しなさい」と言われても、わかりにくいかもしれない。そこで、この生き方を自分のものとする方法として、相手の成功を自分の喜びと考えることを実践してほしい。人が成功することを自分の喜びとする「考え」を持つこと、それはすなわち、愛の思考である。

どんなに嫌いな人でも、実力を認めることはできるだろう。相手の成功を願う「考え方」を持つことはできるはずだ。一流のビジネスマン、アスリートはこの法則を知っている。相手が成功することを祈るほうが、自分の心がフローでいられるというのはまぎれもない事実だ。フローである個人が、周囲をフローへ導く。

ただし、愛する生き方を自己犠牲の奉仕精神と混同しないこと。自己犠牲を前提に相手の成功を願うと、愛する生き方にはならない。我慢からストレスを生み、自らのフローが阻害されてしまうからだ。

言い方を変えれば、愛する生き方とは、相手を主役にする考え方と言ってもいいだろう。いつも自分を中心に物事を考えてしまうと、自分にとって都合のよくないことがあれば不機嫌になってしまう。当然、自分に都合のよいことはそうそう起こらない。すると常に不機嫌になってしまう。

自分が主役であることをわかって、相手を主役にする生き方を選択している人こそ、このコーチ力が高く、周りをフローへと導いている。しかし、そのことがフォワードの法則ともあいまって結局は自分のためにもなっているのである。

愛する生き方とは？

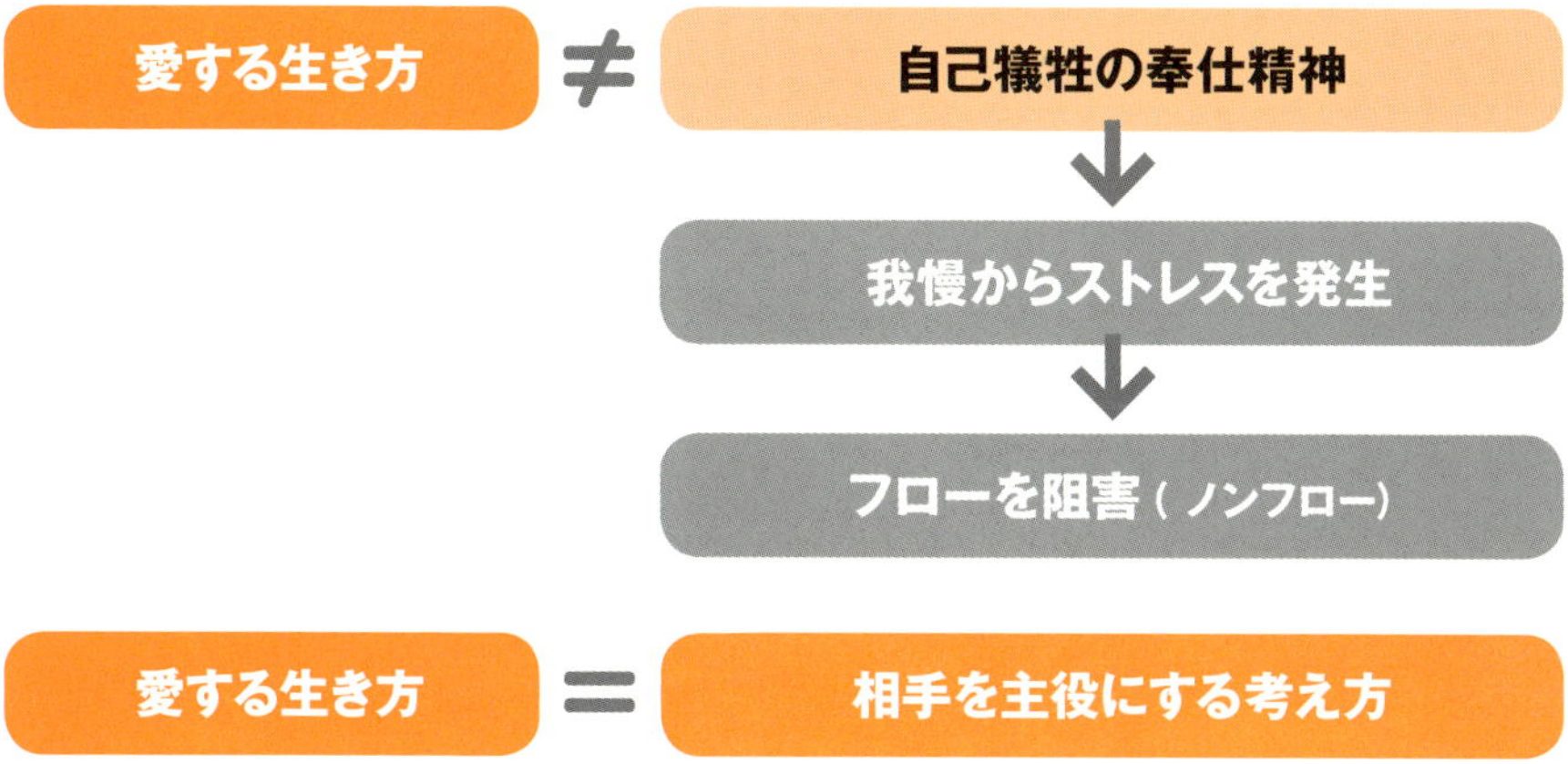

常に自分が主役の場合

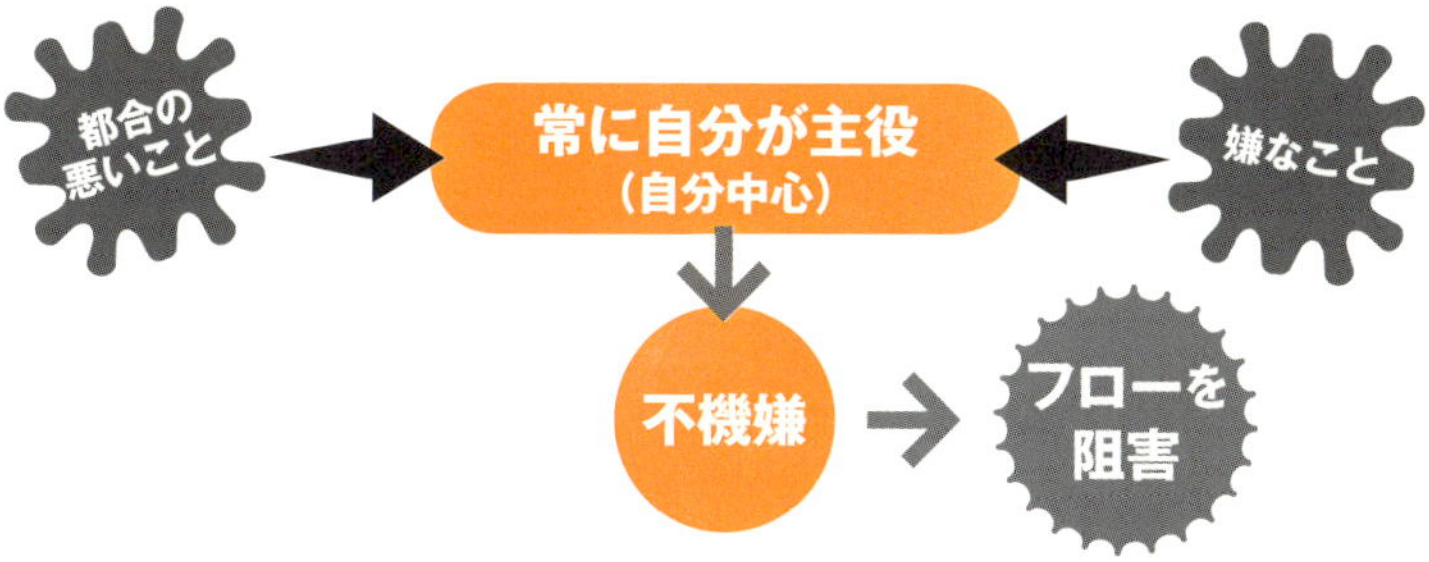

相手のプレイ中は相手が主役

	主役
自分のプレイ中	自分
相手のプレイ中	相手

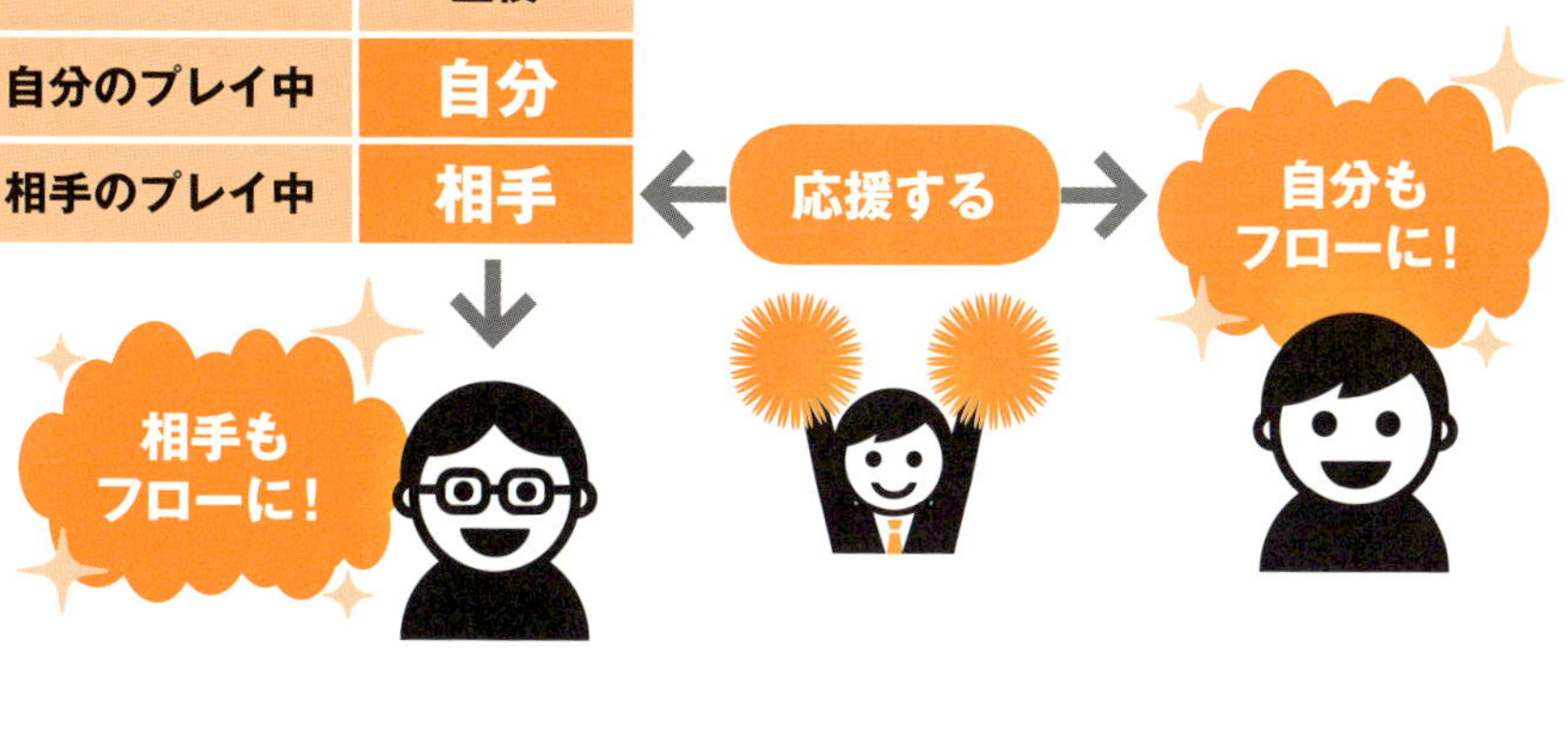

「コーチ力」③ 愛する生き方2

応援という生き抜く力

愛する生き方で大事なポイントは、期待より応援だ。

期待を愛だと勘違いしている人が多い。実は、スポーツ心理学では、「期待している」という言葉はもっとも使ってはいけない言葉の1つである。期待というのは、結果を出すことを願うことであり、相手に結果を意識させてしまうことになる。しかも、期待しているのは自分であって、すなわち自分が主役である。さらに期待とは勝手な枠組みと同義語だ。つまり、自分で勝手に期待値を設定し、その通りにならないと怒るのだから、身勝手なことこの上ない。期待するのは相手のためだと思いながら、実は、勝手に自分の思った通りにならないと腹を立てるのだから、相手のためではないことは明らかである。

期待志向が強いと、自分でコントロールできない相手の結果に左右されるし、勝手につくった枠組み通りにはいかないので、自分のフローも阻害されるし、相手のフローも阻害する。大事なのは、期待するのではなく応援することである。「期待しているぞ」と言い続けるのと、「応援するぞ」と言い続けるのでは、明らかに後者がフローだ。応援というのは、相手が主役の考え方である。自分の思う結果を相手が出すことを願うのではなく、相手の成功を祈る考え方である。

たとえば、駅前の客待ちのタクシー。長く客待ちしていると、いいお客さんが来てくれると勝手に期待している。だから、乗り込んできたお客さんが「近くですけどお願いします」と言った途端に不機嫌になる。

これでは運転手自身もフローではないし、お客さんのフローまで阻害してしまっている。

周りの人たちに、自分でつくった枠組みを押し付けて、勝手に成果を期待し、その上に、「期待しているぞ」というプレッシャー攻撃をかけ続け、結果が出ずに不機嫌になってはいないか、考えてみてほしい。

「期待している」がダメな理由

期待
してるよ！

ダメな理由 1
相手に結果を
出してもらうことを考えている
↓
相手に結果を意識させる
↓
相手は結果に「とらわれる」
↓
相手のフローを
阻害する

ダメな理由 2
自分が主役になっている
↑
期待しているのは自分 ＝ 自分が勝手に決めた枠組みを
相手に押し付けている

期待しているのは自分
↓
自分のフローを
阻害する

自分が勝手に決めた枠組みを
相手に押し付けている
↓
相手のフローを
阻害する

期待思考が強いと自分も相手もフローにならない

あなたを応援する！
＝相手が主役

＞

あなたに期待する！
＝自分が主役

「コーチ力」④ 見せる生き方

人は目で見えることにもっとも影響を受ける

人は脳で状況をキャッチする前段階として、五感で感知する段階がある。五感の中でも、ほとんどの情報が目と耳から入ってくるので、視覚と聴覚は重要だ。中でも目から入る情報が約7割強を占めており、目から入る情報に極めて大きな影響を受ける。

たとえば、目の前で悲惨な事件が起きたとすると、私たちはフローが阻害されるのが嫌なので、思わず目を背ける。耳や鼻にはふたがないのに、目に瞼があるのはなぜかというと、情報収集の中心だからこそ、自分にとって害が大きすぎる状況を見なくてすむように、つむれるようになっているのだ。

スポーツでもよいコーチほど、ジェスチャーや、ボード、ビデオや模型など、とにかく目に見えるものを使って説明しようとするのはこのためでもある。それだけ、目で見ていることを人間は重要視している。つまり、人と接しているときに、その人の何に影響を受けるかというと、第一に見ているものだ。会話中も、話を聞いているようで、実は、それ以上に見ている。このことを知っていることが何よりも大事だ。このため、相手の心をフローに傾けるには、どのように「見せる」かが重要なポイントになる。

もっともいけないのが言行不一致だ。飲食店の朝のミーティングのとき、眉間にしわを寄せて鬼のような形相で「お客様には笑顔で接しなさい」と檄を飛ばしているマネージャー。マネージャーの指示だから従おうとはするけれど、果たしてそれで、心からの笑顔で迎えられるだろうか。きっと引きつった笑顔にしかならないだろう。「やれ」と言う側の人が身をもって手本を示さなければならない。そういう生き方が相手を成長させるだけでなく、同時に自分をも成長させる。

社員は、経営陣や上司のうんちくよりも、何をしているかを見ている。立派な行動指針や企業理念があったとしても、それらがお題目になっていないだろうか。

目からの情報が７割を占める

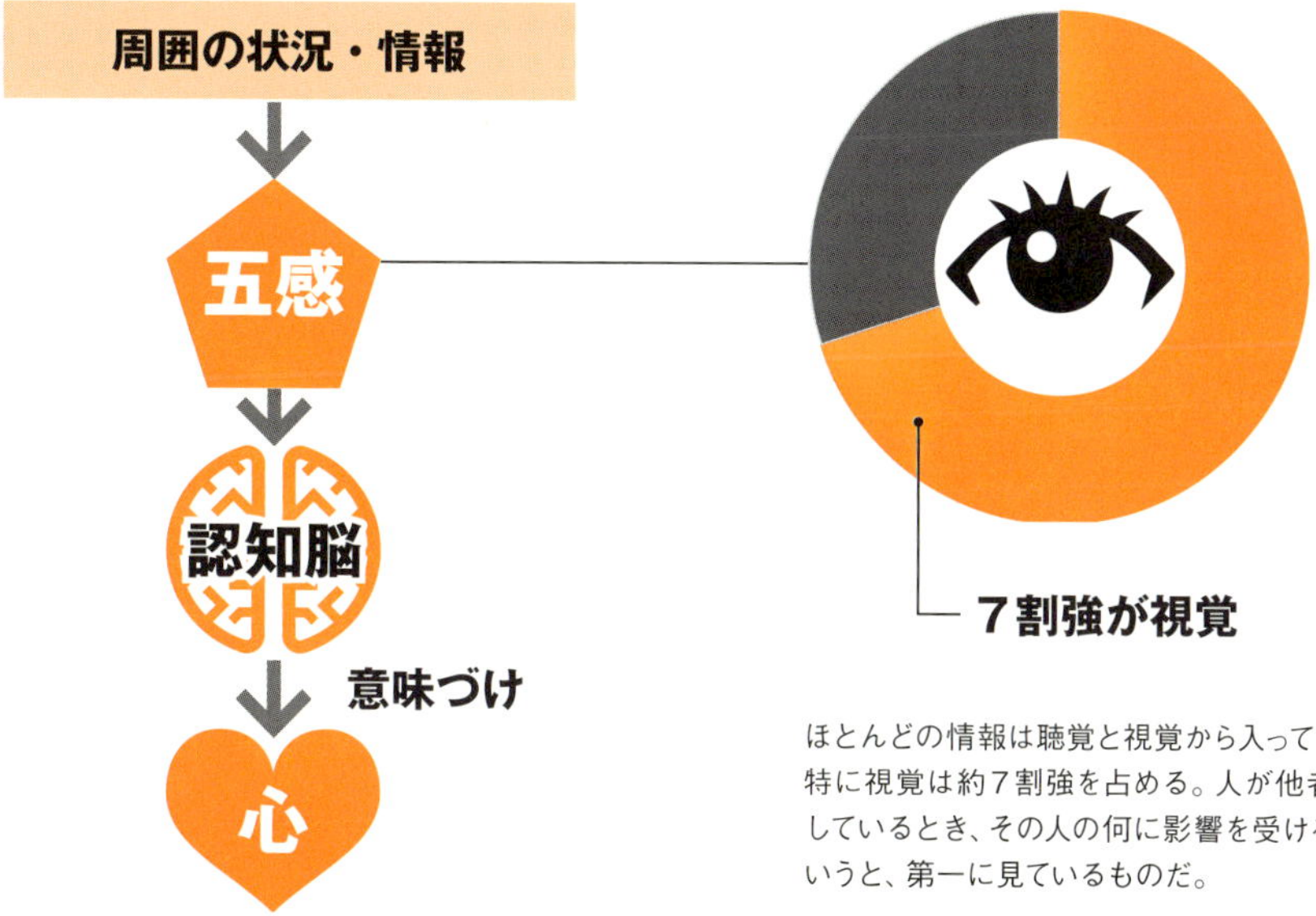

周囲の状況・情報
五感
認知脳
意味づけ
心
７割強が視覚

ほとんどの情報は聴覚と視覚から入ってくる。特に視覚は約７割強を占める。人が他者と接しているとき、その人の何に影響を受けるかというと、第一に見ているものだ。

言行不一致はノンフローにする

お客様には
笑顔で接すること
マネージャー
言行不一致
部下の
フローを
阻害
社訓
一、社会貢献
経営者
社会貢献すべき！
実態は……
不正

社訓で「社会貢献」などとうたっておきながら、経営者が社会貢献と反する行動をとると、社員が実践する気になるはずがない。

「コーチカ」⑤ 楽しませる生き方1

いろいろな「楽しい」があることを知る

楽しいという状態は、とてもフロー度の高い心の状態である。つまりよいことだ。夢中になって取り組み、時間を忘れるほど没頭する。想像力も増し、クオリティの高い仕事ができる。ハイパフォーマーになるから当然結果もついてくる。そして何より疲れない。

しかし、それがわかっている人は、意外に少ない。仕事という面では特にそうだろう。部下が楽しそうに仕事をしていると機嫌が悪い上司がいる。楽しむのは不謹慎だと思っている。これでは部下がフローになるはずもなく、成長もしないだろう。

また、楽しいといっても、いろいろな楽しいがある。そのいろいろな楽しいを知っている人こそ、周りの人をフローにする。特にビジネスマンほど、いろいろな「楽しい」があることを知らない。

企業トレーニングの中でも、「会社の中で楽しいと感じることを20個列挙する」というワークを必ずやるのだが、これがなかなか出ない。出たとしても「企画が通ったとき」など結果にリンクしているものは除外してもらうと、90％以上が除外対象になる。続いてワークでは、さらに自分1人いればつくれる楽しいことに丸をしてもらう。すると、さらに絞られる。たいてい、「上司から褒められたとき」、「お客様からありがとうと言われたとき」といったように、相手がいないと生まれない事柄が多いのだ。その「楽しい」は人に依存するので、たとえば、相手が「ありがとう」と言ってくれない限り楽しくない。他人はコントロールできないわけだから、これもストレスのネガティブ・スパイラルに落ち込んでいく。そこで、「ありがとう」と言われなくても、楽しくなれる方法をいくつも持っておく。楽しくなれる方法は多く持っているほどよいし、まわりに影響されずに自分だけがいればできる楽しみの源泉があればなおさらよいだろう。

楽しませる力のトレーニング

STEP 1 仕事で楽しいと思うことをリストアップ

20個

STEP 2 結果とリンクするものは外す

STEP 1でピックアップした“楽しいと思うこと”のうち、「プロジェクトが成功したとき」「プレゼンが通ったとき」など、結果とリンクするもの（Result）は除外するため×印をつける。ここで90%以上のものが除外対象になるケースが多い。

STEP 3 自分1人いればつくれる楽しいことに○印をつける

STEP 2で残った“楽しいと思うこと”のうち、
自分さえいればつくれる（Myself）楽しいことに○印をつける。

↓

STEP3まで残る“楽しい”をたくさん持つことが大切！

「ありがとう」を“楽しみ”にするときは…

お客様から「ありがとう」と言われることを励みにし、目指すのは悪いことではない。ただし、相手がいなければつくれない楽しみでもある。「ありがとう」と言われないとフローにならない人は、言われなくてもフローになれるそのほかたくさんの“楽しい”を持っておくことが重要だ。

「コーチ力」⑤ 楽しませる生き方 2

一生懸命の楽しさを伝える

いろんな「楽しい」の中でも、特に私が大事に思っているのは、一生懸命の楽しさである。人は結果のために一生懸命にやる過程そのものを楽しむ遺伝子を持っている。ただ、使っていないとこの遺伝子はオフになって眠ってしまう。だから一生懸命が楽しいと感じたことがない人は、「何か楽しいことないかな〜」と、楽しいを待つ人になってしまう。何かに打ち込んだことがないから、楽しみも生まれない。寝て待っているだけでは楽しみはやってこないので、ずっと楽しい状態にはなれない。

過程を楽しむ、特に、一生懸命の楽しさを伝えられる人こそが、フローへ導くコーチ力の高い人である。ブラジルの子供たちへのサッカーのコーチ法、ニュージーランドのラグビーの子供たちの育成法、アメリカのバスケット、野球のトレーニング法、これらはどれも世界最高峰である。この指導法の共通点は、そのスポーツを一生懸命にやることがいかに楽しいことなのか、子供のころに何度も経験させることである。子供のころの経験が人間をつくっていくから、子供のころに「一生懸命って楽しい」という経験があればあるほどそれで生きていこうとする。人間は楽しいほうがいいからだ。

企業でも同様である。コーチ力のない上司ほど「結果だ、結果だ」とうるさく言う。結果をよくしようと部下はがんばるが、パフォーマンスが上がらないから結果は出にくい。

上司は、一生懸命にやることの楽しさを部下に示し、教えればよい。褒めるとすればそこだ。一生懸命にやることが楽しくなれば、うるさく何も言わなくても、ひたすら一生懸命を楽しむメンバーたちで会社はいっぱいになる。このような会社が、これからのエクセレント・カンパニーになり得るのだろう。

コーチ力の高い人

コーチ力の高い人 ＝ 過程、特に一生懸命の楽しさを伝えられる人

「結果」ばかり褒める

「過程や一生懸命に取り組んだこと」を褒める

子供に野球を指導するコーチの違い アメリカ vs. 日本

アメリカで、子供に野球を指導するコーチは、思い切り投げて、思い切り打って、思い切り走ることの楽しさをとことん教える。ところが日本は結果の楽しさだけを与えようとして、試合に勝つ方法論ばかり熱心に教える。だから日本の少年野球チームがアメリカに行くとあっさり勝ってしまう。

アメリカのピッチャーは思い切り投げることをまず大事にしているから、配球も何もあったものではないし、暴投も多い。日本のベンチはそれを知っているから、配球のパターンを読んで、狙い撃ちをさせる。コントロールの悪い投手なら、「見送れ」と指示を出す。それで押し出しで点が入る。結果、日本の子供たちはプレイすることなく日本チームに勝ちが転がり込むのである。それでいったい何が楽しいか、私も疑問だったが、地元のアメリカ社会も疑問だったようだ。地元紙に「思い切り打たず、思い切り投げずして、日本の子供たちはベースボールの何が楽しいのか？」と皮肉交じりに書かれていた。

子供の頃なら、それでも勝つだろうが、結果、大人になったときにどうなるか。メジャーリーグと日本のプロ野球の選手のレベルはもちろんだが、観客が見ていてどちらが楽しいかは一目瞭然だ。プレイ・ハードこそフローへの基本である。

「コーチ力」⑥ アクノレッジする生き方1

アクノレッジされにくい社会構造

　コーチングではアクノレッジ（Acknowledge）を「承認」表現としているが、上から目線のような感じがするので、あえて英語のまま使っている。**人間には、人と「つながり」を持ちたいという本能と、社会の中で「存在価値」を持ちたいという本能がある。**つまり、人とのつながりを感じさせ、社会の中で存在価値を感じさせる生き方がアクノレッジな生き方である。

　いまの社会構造は、まず、つながりが遮断されやすい。その大きな原因の1つが、通信の発達だ。メールで、「バカ」と書いて送れば、極めて関係が悪くなるが、面と向かって肩を組みながらの「バカ」は、むしろ親しみがわいて関係がよくなることもある。五感が働くことによってお互いに相手の世界と触れ合い、情が深くなってつながりを感じるわけだ。ところが、電子通信文化は、情が入りにくいメディアである。便利ではあるが、このために直接生《なま》で話す機会が減り、顔を合わす機会はもっと減ってしまった。このような社会構造だからこそ、より意識的にアクノレッジ力を持って組織運営を考えなければ、フローになりにくい。

　存在価値においても、社会構造上の問題で勝手に優劣のレッテルを貼られてしまうことが多く、不安定になりやすい。人間には存在価値を主張したい本能があるので、相手より優位に立ちたい感情が先に出て、優位の証としての結果をほしがる。企業でもシェア1位、売上トップ、最高品質などにこだわる。優劣思考が蔓延した社会になってしまったのだ。

　いまの社会では、人とのつながりが遮断されやすく、存在価値が低下しやすいリスクを常に負っている。だからこそ、より一層アクノレッジ力を持ち、周りの人の「アクノレッジされたい」という本能を満足させる生き方、すなわちコーチ力を持った人が増えなければ組織はフローでなくなってしまうのである。

フローをもたらす能力（ライフスキル）

アクノレッジする生き方
(Acknowledge)

＝

つながり **存在価値**
を感じさせる力

社会構造上の問題

つながり

通信網の発達で直接感じる機会の減少

電子通信文化は、情が入りにくいメディア。便利ではあるが、直接生で話す機会が減り、顔を合わす機会はさらに減少。人とのつながりが遮断されやすい社会構造に。

存在価値

優劣思考の蔓延した社会で失いやすい

私たちの社会は、グループで物事を分けようとする傾向がある。男と女、子供と大人、日本人と外国人、勝ち組と負け組 etc.。そこに、便宜上の理由で優先順位を付けてしまう。

「勝ち負け」は優劣ではない

勝ち負け ＝ **ただの事実**

勝ち負け ≠ **優劣**

社会がグループで物事を分けようとするのは、あくまで便宜上の話で、勝ち負けは優劣ではなく、ただの事実。

「コーチ力」⑥アクノレッジする生き方２

アクノレッジを伝え合う

アクノレッジする生き方とは、第一に、「人のことを思う」ことだ。ここでは、頭でその人のことを思い出し、その人のことを考えるだけでよい。これが、つながりを生み、存在価値を見出す芽になる。少なくとも、リーダーなら、自分の部下全員が、今日何をやっているかぐらいのことは思いを馳せるべきではないか。「あいつは、どうしているか」と考えたり、顔を思い浮かべるだけでもよい。毎日部下全員のことを思い出す。ただし、ここで評価をしてはいけない。ただ思い出すだけでよい。

次に、思うことで芽生えたつながりを成長させるために、栄養をあげる。その栄養の一番は「挨拶」。挨拶とは、つながりをつくり、存在価値を認めることそのものである。挨拶は、本来は、コーチ力のある人が積極的に挨拶をしたほうが、アクノレッジすることになり、組織はフロー化するのだ。

観察して、伝える力もアクノレッジ力である。たとえば、「髪、切ったの」、「今日はスーツだね！」ということでよい。気づいたことを単純に伝える。むしろ、そこに価値を付けたり、評価してはいけない。気づいたことを伝えるだけでよいのだ。このときに、１つだけ、気を使うことがあるとしたら、伝え合った者同士がそれでどんな気持ちがしたのかを言える関係づくりだ。

たとえば、秘書がお茶を持ってきて、ちょっと雑に置いたため、しずくが飛び跳ねたような場合に良い方法は、感情を伝えることだ。私なら、その瞬間に、「そういう置き方をされると、ぼくは悲しいよ」と言う。私が悲しいという感情を持つのは自由。相手を否定しているわけでもないので、素直に忠告を聞くのである。このように、気づいたことを伝え合い、そして自分の感情についても話し合える関係が組織をフローにするためには重要なことである。

アクノレッジ力を鍛えるステップ

STEP 1 毎日、部下全員のことを思い出す

頭でその人のことを思い出し、その人のことを考える。これが、つながりを生み、存在価値を見出す芽になる。少なくとも、リーダーなら、自分の部下全員が、今日何をやっているかぐらいのことは思いを馳せるべき。

STEP 2 挨拶をして、栄養を与える

挨拶は、つながりをつくり存在価値を認めることそのもの。目上、目下など関係なく、コーチ力のある者から積極的に挨拶をするほうが、組織全体のフロー化につながる。

STEP 3 観察したことを伝え合う

相手に対して、気づいたことを単純に伝える。そこに価値を付ける、評価することはない。

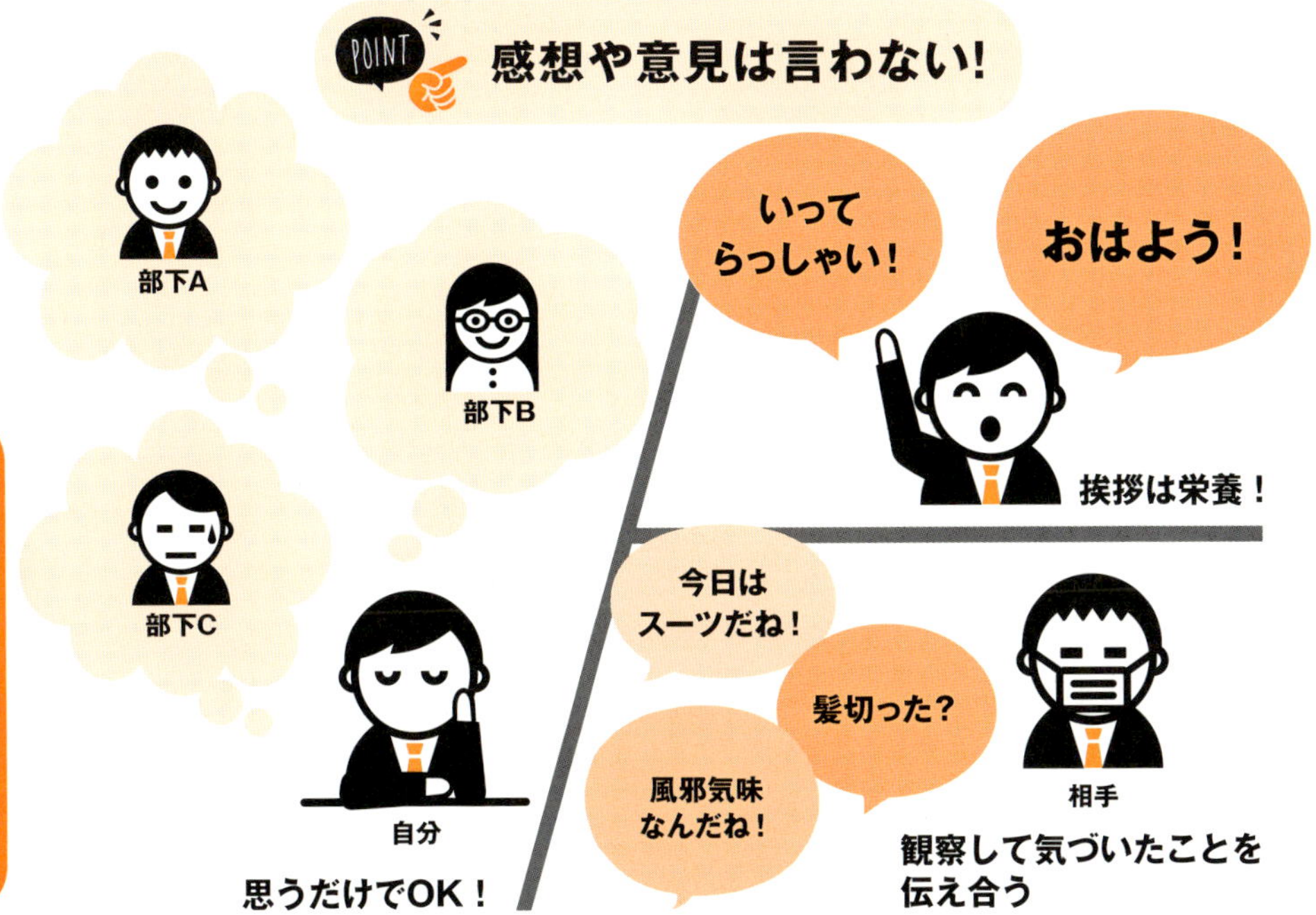
POINT
感想や意見は言わない!
部下A
部下B
部下C
自分
思うだけでOK!
いってらっしゃい!
おはよう!
挨拶は栄養!
今日はスーツだね!
髪切った?
風邪気味なんだね!
相手
観察して気づいたことを伝え合う

フローな組織の在り方①

ミッションを基盤にした組織

組織にフローを起こすという場合、基本的にはそこに集まっている人、一人一人がフローになるようにすることを意味する。その組織に属する人をフローにしやすい環境を用意するということである。

ただし、それはインフラやシステムといった環境ではない。

キーワードは、「ミッション（目的）」である。

会社の使命は何で、それがどう個人個人のミッションとリンクしているのかを共有していくことだ。つまり、ミッションを組織として持ち、そのもとに個人が集まっているということがフロー・カンパニーとしては理想だ。

ミッションは、目標ではないし、数字ではもちろんない。使命、存在意義だ。社員はそのミッションを理解し、そのミッションが自分とどうリンクしているのかということを話し合い価値化する。すると、押し付けられたものではなく、自らの理想として追い求めるようになり、そこにはフローがある。

これまで説明してきたように、結果を重視するのではなく、その過程を重視し、変化を重んじ、プロセスを楽しみ、一生懸命の大切さを伝える。それを結果、数字だけでなく、フロー度合いも組織として大事にしなければならない。

このように、組織が個人のフローを促す仕組みになっていれば、個人の社会力も育成され、フローな人たちが組織に増え、それがほかの社員に伝播し、お客さんや取引業者にまで影響を与え、その結果、組織の繁栄を可能にするだろう。

左ページで紹介する高級ホテルチェーンのリッツ・カールトンのように、実際に、ミッションやビジョンをつくっている組織はフローになりやすく、もちろん、結果を出している。

組織のミッションを個人が共有

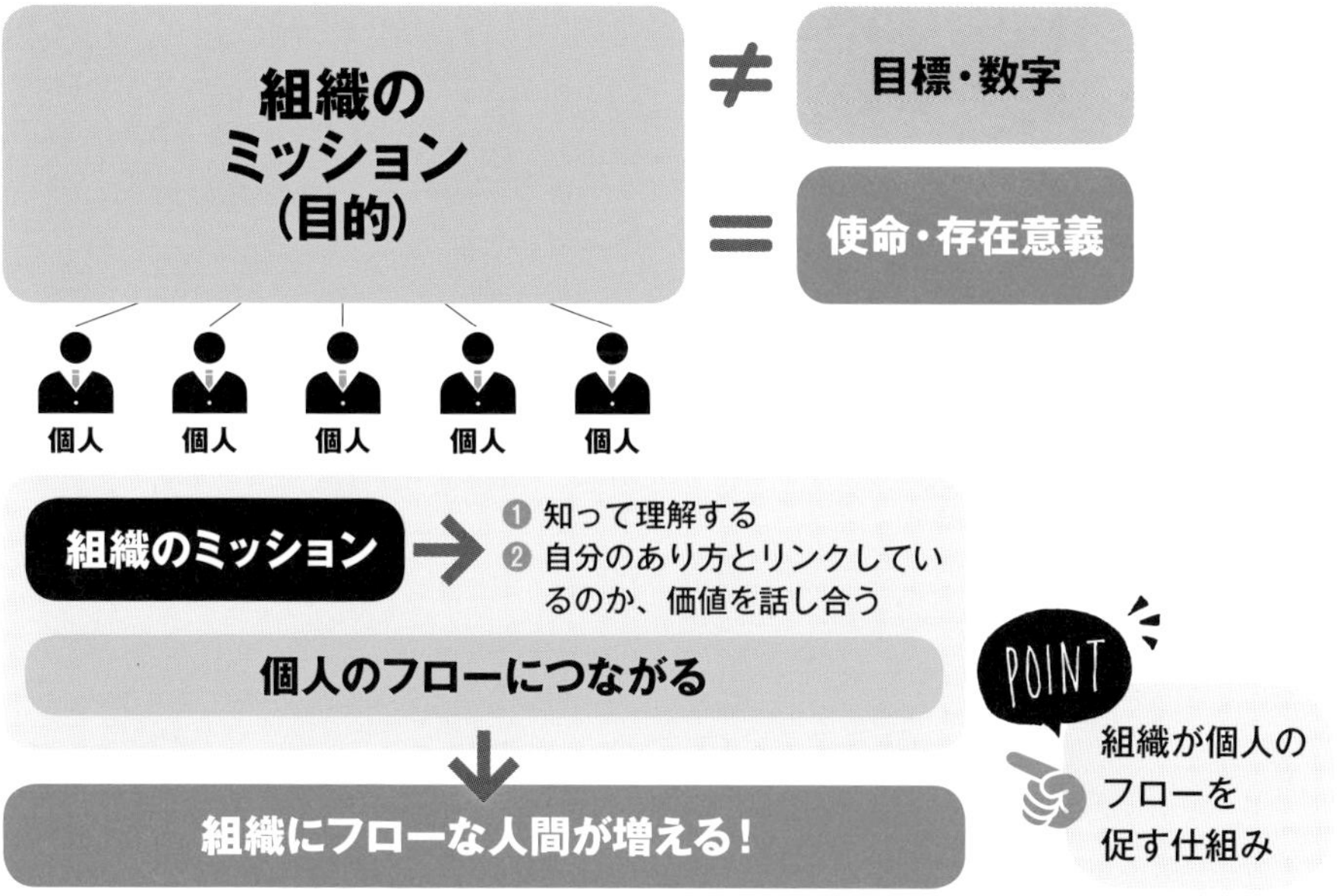

組織のミッション（目的）
≠
目標・数字
=
使命・存在意義
個人
個人
個人
個人
個人
組織のミッション
❶ 知って理解する
❷ 自分のあり方とリンクしているのか、価値を話し合う
個人のフローにつながる
組織にフローな人間が増える！
POINT
組織が個人のフローを促す仕組み

ミッションを基盤とした組織 リッツ・カールトン

高級ホテルチェーンとして知られるリッツ・カールトン。マニュアルがないのに、どの国、どの地域のチェーンに行っても良質なサービスが受けられるのはなぜなのか――。

事実としては、掃除の作業手順、災害時の避難誘導、あるいは、報告・連絡などのルールは当然存在するし、手順を記したものは存在する。しかし、これは彼らにとって作業手順を記入した作業説明に過ぎない。それができていればＯＫなのではなく、サービスとはそこから始まるという考え方が根底にある。

会社としてやることは社員にマニュアルを覚え込ませることではなく、社員をいかにフローにするかである、という自覚があるのだ。なぜなら、お客様にサービスをするのはスタッフであり、押し付けたルールではスタッフのフローを阻害してしまうからだ。だから、リッツ・カールトンでは、自分たち１人ひとりが社会に対して何を使命としているのかという「ミッション」を徹底的に浸透させる。そのうえで、いかにスタッフ一人一人の心にフローを起こすかという点を重視しているのだ。

フローな組織の在り方② リーダーシップに基づく組織1

人ではなくタスク（パフォーマンス）で見る

フロー組織におけるリーダーシップとは何か。それは、ケン・ブランチャード・カンパニーが提唱している「人ではなくタスクで見る」という原則を守る生き方を多くのリーダーができるということだ。

組織には、人それぞれに果たすべき仕事＝タスクがある。そして、タスクは1つではなく、複数の集積で成り立ち、そのタスクそれぞれは、行動の内容と実行とマインドによってつくられている。

リーダーとしてチームに課せられた目標を達成するためには、メンバー一人一人に与えられたタスクレベルを認識し、その複数のタスクについて、それぞれのレベルを見据え、それぞれを高めるために指示と支援をバランスよくしていくことだ。リーダーとして何をすべきかわかっていない人は、タスクで見ようとせずに、人で見てしまう。たとえば、野球のキャッチャーのタスクを見ると、キャッチング、配球の組み立て、送球、バッティングなどのタスクがある。キャッチングと配球はいいのに、送球がまだまだのレベルだというので、「まだ未熟だな」という評価をされるととても気分を害するのだ。このようなことでフローが阻害されている組織は少なくない。

そうではなく、一人一人に与えられた仕事をよく理解して、それぞれを個別に見ていくようにすると、チームはとてもフローになり強くなる。実際、タスクで見る習慣を付けるためのリーダー研修をやると、すごく組織がうまくいくことが多い。1つ1つのタスクは何をどんな心でやるか。そこには指示と支援が必要となる。

タスクとは？

タスク（パフォーマンス） ＝ **行動** ＋ **マインド**

↓　　　＝　　　＝

仕事　　**Do it**　　**Flow**

リーダーは人ではなく、タスクごとに相手を判断する

Ex. キャッチャーのタスク

行動の内容

- ☑ キャッチング
- ☑ 配球の組み立て
- ☐ 送球
- ☐ バッティング

✕ 「あいつはまだまだ未熟だ」

〇 キャッチングと配球はいい！あとは送球とバッティングだな

フローな組織の在り方② リーダーシップに基づく組織 2

行動への指示とマインドへの支援

行動とマインドの両方あって、タスクすなわち仕事(パフォーマンス)だけを上げることはできない。したがって、リーダーは、行動とマインドの両方が高まるようにリードをすることになる。

このときに、行動に対しては指示、マインドに対しては支援する。行動、マインドともに高まっているタスクは全面的に任せ、高めなければならない行動、マインドだけにピンポイントでアドバイスする。

そして、行動への指示とマインドへの支援は、レベルの変化とともにバランスを調整していく。行動もマインドも低い最初のころは、指示、支援ともに手厚い。新人のタスクは、大抵は技術も未熟だが、同時に心の状態も不安だったりして悪い。技術だけたたき込んでも使い物にならない。これをコーチ型アプローチという。

マインドの力がついてくれば、すなわちやる気に火がついたら、どんどん技術を教え込む。マインドはとりあえずさわる必要はない。これを指示型アプローチという。少し力がついたタスクは、だんだん慣れや飽きが出てくるので、少しモチベーションが下がる。ここでまたいったんコーチ型アプローチに戻る。

さらに進むと、あとは自己鍛錬の世界に入るという段階に達する。この段階では技術的にはもう教えることはないけれど、リーダーの元から巣立って自分の道を探す段階であり、迷いや不安がつきまとう。ここでリーダーはマインドの支援を行う。これを支援型アプローチという。最後に、自分の道を見つけ出し、究めたレベルにタスクが達したら、リーダーは少し手を貸すだけでよい。これを委任型アプローチという。

このように人ではなくタスクで会話できるリーダーが増えれば、間違いなくフロー・カンパニーに近づくだろう。

スキルとマインドのアプローチの違い

行動
指示
よいリーダーは
指示と支援の
バランスがいい
マインド
支援

4つのアプローチ方法

アプローチ方法	対象者
コーチ型アプローチ	行動もマインドも未熟な人
指示型アプローチ	マインドの力はついているが行動は未熟な人
支援型アプローチ	行動は十分だが、マインドの力が足りない人
委任型アプローチ	行動もマインドも自己管理できる人

レベル別　指示と支援

タスク	行動	指示のレベル	マインド	支援のレベル	アプローチ
Level 0	低	高	低	高	コーチ型
Level 1	低	高	高	低	指示型
Level 2	低～中	高	低～中	高	コーチ型
Level 3	高	低	低	高	支援型
Level 4	高	低	高	低	委任型

フローな組織の在り方③

箱から出たコミュニケーションのある組織

人間はそもそも、人に対して愛情を注ぐことを肯定する遺伝子を持っている。人に対して思いやりを持ちたい、愛を持って接したい、人を大事にしたい、その人の立場になって考えたい、やさしくしたいと本能では思っている。それが人として正しいことだと知っている。これは、宗教心とは無関係に、人間なら誰しもが持っている基本的な心理だ。

ところが、何かのきっかけで、本来ある、人を人として見る原則を知っているにもかかわらず、その知識を裏切ることがある。

これを解き明かしたのが、アービンジャー・インスティチュートが提唱しているBOX理論である。本来、人は、社会のために働くのが好きである。人のために働くのが好きである。

これは人間の持って生まれた特性なのだ。しかし、いざ社会に出たらみんな、その知識を裏切り、鎧を着ている。

そうすると、コミュニケーションをしても、お互いに鎧を着て、切っ先を相手に向けながら自己正当化のためのコミュニケーションをしているので全然うまくいかない。コミュニケーションでは解決できないのである。

まさに、鎧を着ているとはフローが阻害されている状態である。フローになるためにはまず、鎧を脱がなければならない。そのためには気づきとフローの価値が必要だ。

たとえ突かれたとしても、鎧を脱いでいるほうがずっと気分がよいことを知ろう。人間とは本来そういうものなのだ。実は、鎧を着込んで、槍で突いているほうが苦しんでいるんだということを知ろう。

こちらが正当化の攻撃をしなくなれば、相手も槍を置き、鎧を脱ぐのである。それこそが Flower の集まる真のフロー組織になる。

社会に出ると身に付ける「自己正当化」の鎧

鎧を脱ぐことがフローにつながる

●著者略歴

辻　秀一（つじ・しゅういち）

スポーツドクター、産業医。株式会社エミネクロス代表。

1961年東京生まれ。北海道大学医学部を卒業後、慶應義塾大学病院内科、慶大スポーツ医学研究センターを経て独立、現在に至る。

応用スポーツ心理学とフロー理論を基にしたメンタル・トレーニングによるパフォーマンス向上が専門。セミナー・講演活動は年間200回以上に及ぶ。また「人間力ワークショップ」は、経営者、アスリート、音楽家、主婦、OL、教員など、日本はもとより海外からの参加者もいるほどに人気を博している。メーカー、サービス、商社、製薬、コンサルティング、監査法人などの企業をはじめ、オリンピック選手、プロ野球選手、プロテニスプレーヤー、Jリーガー、プロゴルファーやアーティストたちを継続的にサポートする。活動ミッションの柱は「ジャパンご機嫌プロジェクト」と「スポーツを文化にする社会活動」。

著書に38万部突破のベストセラー『スラムダンク勝利学』（集英社インターナショナル）、『自分を「ごきげん」にする方法』（サンマーク出版）、『ゾーンに入る技術』（フォレスト出版）、『リーダー１年目からの教科書』（ぱる出版）、『PLAY LIFE PLAY SPORTS』（内外出版社）などがある。

図解フロー・カンパニー

2017年12月　1日　第1刷発行

著　者　　辻 秀一

発行者　　唐津 隆

発行所　　株式会社ビジネス社

〒162-0805　東京都新宿区矢来町114番地 神楽坂高橋ビル5階
電話　03-5227-1602　FAX　03-5227-1603
http://www.business-sha.co.jp

〈印刷・製本〉三松堂株式会社　　〈カバーデザイン・本文組版〉中村聡
〈編集協力〉松岡理恵
〈編集担当〉伊藤洋次　〈営業担当〉山口健志

ISBN978-4-8284-1993-0